Hello,
北理珠

李林珊　丁璇　著

北京理工大学出版社
BEIJING INSTITUTE OF TECHNOLOGY PRESS

版权专有　侵权必究

图书在版编目（CIP）数据

Hello，北理珠 / 李林珊，丁璇著．—北京：北京理工大学出版社，2020.6（2021.5重印）

ISBN 978-7-5682-8572-8

Ⅰ.①H…　Ⅱ.①李…②丁…　Ⅲ.①北京理工大学珠海学院-概况　Ⅳ.①G649.286.53

中国版本图书馆 CIP 数据核字（2020）第 099371 号

出版发行 / 北京理工大学出版社有限责任公司
社　　址 / 北京市海淀区中关村南大街 5 号
邮　　编 / 100081
电　　话 / （010）68914775（办公室）
　　　　　（010）82562903（教材售后服务热线）
　　　　　（010）68948351（其他图书服务热线）
网　　址 / http：//www.bitpress.com.cn
经　　销 / 全国各地新华书店
印　　刷 / 北京地大彩印有限公司
开　　本 / 880 毫米×1230 毫米　1/32
印　　张 / 5.375　　　　　　　　　　　　责任编辑 / 徐艳君
字　　数 / 143 千字　　　　　　　　　　　文案编辑 / 徐艳君
版　　次 / 2020 年 6 月第 1 版　2021 年 5 月第 2 次印刷　责任校对 / 周瑞红
定　　价 / 28.00 元　　　　　　　　　　　责任印制 / 李志强

图书出现印装质量问题，请拨打售后服务热线，本社负责调换

《Hello，北理珠》的创作者们

文字统筹：谢树鑫

文字编辑：谢树鑫　严展翘　郑　靖　黄彦婷　李欣雨
　　　　　　康　茵　林晓方

美术统筹：卢艺桐

美术编辑：卢艺桐　林　琳　杨心怡　潘芷玲　王　好
　　　　　　黎琰文　范诗琳　卢伟棠　黄　薇

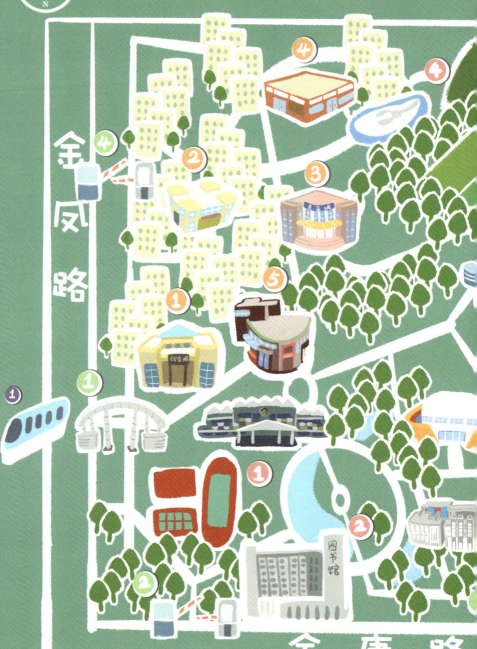

前　言

都说学生时代是一段单纯美好的回忆，它之所以美好，不是因为生活处处充满惊喜和喜悦，而是因为我们遇到的每个人、每件事皆与你有关，万般美好。当你翻开这本书，就证明你已经和北理珠结下了不解之缘。它也许没有涵盖你想知道的全部内容，但一定是目前覆盖内容最广泛的"北理珠大全"。在这本书里，你可以了解到北理珠学子平时的衣食住行以及大一到大四的成长变化。

《Hello，北理珠》的创造者们是一群来自各个学院不同专业的热血青年及两位老师。他们带着不一样的性子、不同的情感，来和你聊聊他们眼里的大学生活。

本书共有四章，第一章我们谈谈北京理工大学珠海学院的发展变化，后三章则记录北理珠人的四年大学生活。其中，在第一章，为了避免大量堆砌官方资料，最终我们决定把学校建立的第一栋教学楼——明德楼作为主体，将它代入一个老大哥的身份，与新建的体育文化综合馆展开每一个主题，给不太了解北理珠的人讲述它这十多年的风雨历程。而在后续的三章中，我们笔下的六个主人公各具特点，他们是北理珠学子，亦是我们各自生活的缩影。我们没有试图完全还原大学生活的所有样貌，而是尽量想用简单接地气的方式，从"尝试""沉淀""回顾"三个方面去展现我们真实的有血有肉的一面。我们每个人都置身于众多平行、连续的故事情节中，一个故事的结束，也预示着下一个故事的开始，我们在这之间不断地产生联系，互相影响。虽然书中主人公均为虚构，但故事情节改编自真实发生的事件，希望读者能够读懂书中每一个梗与小细节，和主人公们一起体验大学生活的风风雨雨，找寻你想要的答案。

目录

001　第一章　遇见 Nice to meet you

053　第二章　尝试 Attempt

111　第三章　沉淀 Accumulation

143　第四章　回顾 Retrospect

158　后记

第一章
遇见 Nice to meet you

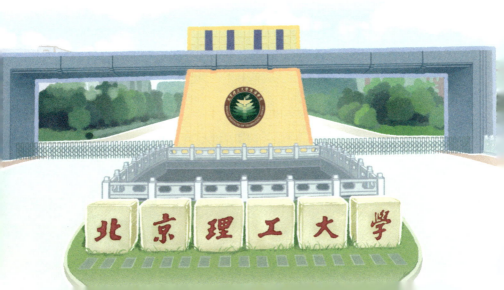

（一）

你好，我叫明德楼。2004年，我第一次来到北京理工大学珠海学院，和你一样，对这个地方充满好奇。那个时候，学生们称呼我为综合教学楼，明德楼这一名字是2013年才正式更换的。楼内圆盘中心的参天大树扎根于此，陪我见证着这个学校的发展，庇护着一代又一代的求知北理人。孤单的建筑，尚未成形的园林绿化，花开几番，北理珠诞生在这座滨海小城的时候，一切还是质朴的模样。

北京理工大学珠海学院是一座立校时长17余年的本科高校。2004年5月，他带着老本家北京理工大学的延安精神和教育理念，在珠海这座宜人的海滨城市扎根发芽。北京理工大学珠海学院孩儿成群，育人无数，平时大家都亲切地称之为"北理珠"。

众所周知，珠海是经济特区、百岛之市、浪漫之都、海滨城市、幸福之城……它毗邻港澳，地处珠三角，是粤港澳大湾区发展的重要城市之一。北理珠所在的唐家湾镇，北接中山，东望港深，距深中通道落脚点20公里，距港珠澳大桥18公里，广珠城轨贯穿境内，是珠海北部门户枢纽。这里获批建设首批国家级高新区——珠海国家高新区，形成了软件和集成电路、生物医药与医疗器械、智能制造与机器人等特色产业集群。这里有着源远流长的千年文化，近百年来更走出了一批领风气之先的风流人物，从淇澳走出了无产阶级革命家、中国工人运动的先驱和杰出领袖、中国共产党早期重要领导人苏兆征，从唐家走出了中华民国首任总理唐绍仪，中国近代民族实业重要奠基人唐廷枢，从鸡山走出了清华大学首任校长唐国安，从那洲走出了人民画家古元。

北京理工大学珠海学院北倚青葱翠绿的凤凰山麓，面向浩瀚的南中国海，学校东门对面便是广珠城轨唐家湾站，50分钟往返珠海与广州，8分钟即可到达珠海主城区。京港澳高速公路、广东西部沿海高速公路，从学校的东北两侧通过，交通四通八达。市内配套华发商都、扬名广场、富华里、奥园广场等繁华热闹的综合商业中心，华侨城凤凰谷生态休闲城央山地综合型旅游度假区在附近选址。港珠澳大桥的建设更是为粤港澳大湾区的经济文化发展带来了新的机遇。北理珠不仅见证了珠海的迅速发展，更幸运的是成为粤港澳大湾区经济文化建设的一个参与者，这里出去的孩儿们就业率连年保持在95%以上，过半毕业生在珠三角就业，投身粤港澳大湾区的建设。

繁华的背后，具有50.47%以上的森林覆盖率和古镇新城的独特韵味的唐家湾，孕育着一代乡土人群，被评为广东省群众安全感满意程度最高城区。青春洋溢的北京理工大学珠海学院紧靠饱经170年岁月风霜的会同古村落，逐渐扎根，青砖灰瓦，一花一木，散发着它独特的岭南风华。万千生活的缩影，一切始于喜欢，金凤路6号的秘密等你前来解锁。

（二）

"欢迎来到北理珠大家族。"

"咦,这是哪?"

"北京理工大学珠海学院。"

"蜀黍[①] 你是谁?"

"叔叔?我是你哥——明德楼,比你早来17年。"在一旁看着体育文化综合馆渐渐竣工诞生的明德楼,在岁数上已是有一些年头了,作为学校的元老级教学楼,明德楼从学校建校之初就已经存在。

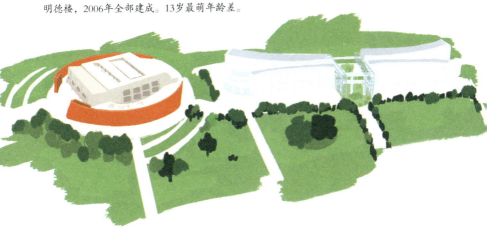

○ 左侧,体育文化综合馆,2019年建成;右侧,明德楼,2006年全部建成。13岁最萌年龄差。

体育文化综合馆瞅了瞅眼前的明德楼,又看了看自己,"我们长得不一样,你少忽悠我。"

"你这圆头圆脑的小家伙怪机灵的嘛。"明德楼摸了摸体

---

① 蜀黍:网络流行语,叔叔。

育文化综合馆的小脑袋,"我们北理珠家族人丁兴旺,长相各有特色,改天带你见见大家,你就明白啦。今天先带你了解一下这个往后将一直陪伴你的家。"

"在17年前,北理珠还是块'荒地'。第一届学生来报到的时候,也就几幢很'穷酸'的宿舍楼建在一片黄泥上。那时候,就只有我一栋楼,承担着学校几乎所有的职能,撑起了学校半边天,可难了。"说到这里,明德楼自信地拍了拍自己的胸膛,露出作为第一座教学楼的骄傲笑容。

"就说学生报到进来的东门,那时候都还没建成,当年的学生只能从一个临时搭建的大门识别出北理珠,现在已改造成具有标志性的拱门。还有那新大门,门前新增添了六块石碑,

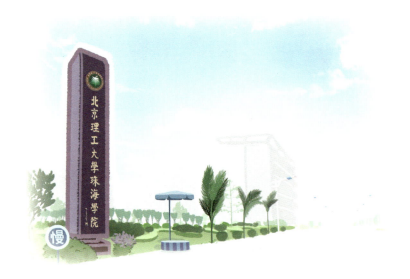

○ 旧时的大门

○ 新大门

上面刻着'北京理工大学'六个大字。那时候哪有现在气派哦！"明德楼捏了捏体育文化综合馆的小脸蛋，"后来我的弟弟妹妹们也都陆续建好了，今天再添你这个小可爱。在一切都还没有的时候，条件真的很艰辛，但教职工们没有气馁，依然努力将学校办成他们脑海中的样子。他们一边教书育人，学校一边建设着，渐渐地……学校才有了今日这

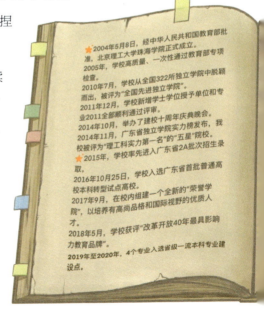

★ 2004年5月8日，经中华人民共和国教育部批准，北京理工大学珠海学院正式成立。
2005年，学校高质量、一次性通过教育部专项检查。
2010年7月，学校从全国322所独立学院中脱颖而出，被评为"全国先进独立学院"。
2011年12月，学校新增学士学位授予单位和专业2011全部顺利通过评审。
2014年10月，举办了建校十周年庆典晚会。
2014年11月，广东省独立学院实力榜发布，我校被评为"理工科实力第一名"的"五星"院校。
★ 2015年，学校率先进入广东省2A批次招生录取。
2016年10月25日，学校入选广东省首批普通高校本科转型试点高校。
2017年9月，在校内组建一个全新的"荣誉学院"，以培养有高尚品格和国际视野的优质人才。
2018年5月，学校获评"改革开放40年最具影响力教育品牌"。
2019年至2020年，4个专业入选省级一流本科专业建设点。

番美景。"明德楼顿了顿,翻开了他陈年的笔记本。

"要知道,2004年开始办学至今,已设信息学院、计算机学院、工业自动化学院、航空学院、材料与环境学院、商学院、会计与金融学院、民商法律学院、外国语学院、设计与艺术学院、数理与土木工程学院、布莱恩特项目、中美国际学院、马克思主义学院、荣誉学院、创业学院、继续教育学院、体育部等18个专业学院(教学部),涵盖七大学科门类的61个本科专业;现有统招全日制本科在校生2.2万余人,毕业生近7万人。学校以北京理工大学为办学主体,秉持'注重质量、提升内涵、凝练特色、创建品牌'的办学思路,工学类专业具有突出特色和明显优势,工、理、管、文、经、法、艺协调发展,是广东省首批普通高校本科转型试点高校。"明德楼就像个话痨,一提起那些当年,那些曾经,他像个关不上的机关枪,喋喋不休地唠着,"其中专业结构基本对接通用航空、电子信息、智能制造、软件、化工、集成电路、智能电网、新能源汽车、物联网、大数据等粤港澳大湾区重点发展的支柱产业,形成了工学类专业集成度高、专业体系与产业链关联度高、专业布局

5 个通过IEET工程及科技教育认证专业:电子科学与技术、机械工程、自动化、环境工程、软件工程;

8 个省级综合改革试点专业:会计学、机械工程及自动化、计算机科学与技术、化学工程与工艺、信息管理与信息系统、电子科学与技术、工程管理、财务管理;

4 个省级一流本科专业建设点:电子科学与技术、机械工程、软件工程、化学工程与工艺;

1 个省级应用型人才培养示范专业:机械工程;

1 个省级战略新兴产业特色专业:信息工程;

4 个省级特色专业:法学、国际经济与贸易、软件工程、材料科学与工程;

1 个省级特色重点学科:机械工程;

2 个省级重点培育学科:通信与信息系统、化学工程;

与珠三角主导产业吻合度高的应用型特色明显的专业体系。学校现有8个省级综合改革试点专业、5个IEET工程及科技教育认证专业、2个省级重点培育学科。厉害吧!"

"每天来上课的学生熙熙攘攘,从第一届仅有800多名学生,到现在的2.2万余名在校学生。唉,我可是看着他们在大学里成长的,送走了一批又一批,还真的挺想念他们天天在校园里赶课①的身影。"明德楼感慨地叹了口气,"不过我每年也会迎接新鲜血液,他们每一次的加入都让我热血沸腾,每天等到夜深人静的时候,我和你的哥哥姐姐们都会偷偷讨论今年新生有多可爱呢!"

描绘之中,有17年前的画面,有近几年的图像,就像快镜

---

① 赶课:如若凑巧撞上连续的课程不在同一栋教学楼,那还不快跑,你想下节课迟到吗?

○ 体育文化综合馆

头回放一般,拼接了明德楼在北理珠的所有瞬间。17年是一段携手共进的拓荒之旅,是一次初心使命的坚守履诺,从无到有,从一片荒凉到一派生机勃勃,北理珠让师生们看到了他独有的魅力。

(三)

"11点了11点了,大家坐好啊!嘿,文体你傻在那里干什么!"

"啊啊啊,来了来了,哥哥。"

○ 明德楼

晚上11点30分，宿舍门禁时间，校园里静悄悄的，道路上只有路灯打下的一排树影。教学楼们照例参加一学期一次的报告大会，只是今天——老大明德楼身边多了一个陌生的面孔。

"老大，这小家伙是谁，肥头圆脑的怪可爱的。"

"这是体育文化综合馆，2019年5月才来的。"体育文化综合馆造型恢宏俊丽，虽然天圆地方的脑瓜儿看起来"不大聪明的亚子"①，但四肢发达且综合功能强大。"她里头有咱们学校最大的音乐厅，一层有室内篮球场、羽毛球场，二楼有跆拳道、瑜伽等技能训练的场所，还有便利超市，厉害吧？而且之后的新生报到都是她负责了哦！"

"哟，老大，这小家伙抢你生意。"靠在一旁的天佑楼调侃道，"有了新欢，不念旧爱了呗，以前开学报到不都是老大负责的，还有音乐厅，她居然一个顶你两个的大小！"其他教学楼跟着起哄。

"她这个音乐厅可不是你们这些一两百号人的小报告厅能比的，那叫一个高端大气上档次，里面可以举行规格约为800人的演出、竞赛等活动，配有灯光、大屏、中控室、直播系统等，羡慕吧！"正对体育文化综合馆南侧的弘毅楼补充道。

"小崽子②们都别闹了，老规矩，来说说这学期都有啥能唠唠③的，弘毅，你先来？"一旁的体育文化综合馆来回观

---

① 不大聪明的亚子：流行用语，不是很聪明的样子或感觉。
② 小崽子：流行用语，用于比自己年纪小的同龄人，是较为亲切俏皮的称呼。
③ 唠唠：地方方言，唠嗑，聊聊天的意思。

望,期待着各位哥哥姐姐们讲述更多的故事。

"学校今年给我换了件衣服。"作为学校排课率跟明德楼一样高的元老级教学楼,弘毅楼一如既往的沉稳。从灰白配到红白调,变的不仅是墙体的外在,也是内部教学资源的升级升级再升级。"给天佑也换了衣服,对吧天佑?"

○ 弘毅楼

"衣服还没换好,估计也快了,跟弘毅是情侣装。"

"热闹都是他们的……我们什么也没有。"新的一年并没有新衣服穿的其他教学楼表示非常的柠檬[①],甚至想打楼。

---

① 柠檬:网络用语,表示羡慕嫉妒恨,我酸了。

"哟!可不能就这么说哩。论艺术感,艺悦妹妹有独具风格的牛角门面,那是我们换了身衣服都没法比的。你说气质?那当然是求是妹妹更加出众啊!落落大方,正可谓是我们北理珠一枝花。论设备,精工大哥的工程训练中心在广东省高校中亦属前列!论学识,图书馆称第二,谁敢称第一?知行更是靓仔一枚,无论是阳光普照下的白昼,还是灯光照耀下的黑夜,都美极了。"

"谁啊,大晚上还那么多话,叭叭叭[①]的,不知道学生们都睡了吗!"一道不满的声音打断了求生欲很强[②]的天佑楼。

"好好好,我们小点声。"明德楼瞪了一眼一天到晚嘴就不停的天佑楼,小声说道,"那今天就到这了。"

"不嘛不嘛,我还想听。"体育文化综合馆还没说完就开始大哭。

"听话睡觉。"安抚完体育文化综合馆,明德楼转身结束会议。

(四)

学生们在早上7点45分像往常一样匆匆忙忙,拿着打包好的

---

① 叭叭叭:拟音词,表示话很多说个不停。
② 求生欲很强:网络用语,指的是在遇到难的"送命题"时候,能够机智地化险为夷,这种"绝地求生"的心态被称为"求生欲很强。"

早餐冲向课室。当一切归于平静,天佑楼开始向体育文化综合馆挨个介绍教学建设。

"小屁孩,今天天佑哥哥就先给你讲讲各位哥哥姐姐们的故事。"昨日的意犹未尽,让天佑楼争着充当讲故事的勇士。他活动手脚,转动脖子,撸起袖子,摆出一副严肃正经的模样。

"大学之道,在于明德。那就先从老大说起吧。"明德楼有个洋气点的英文名叫作M,位于校园的中心位置,也就是C位①出道,全楼整体采用X造型的建筑形式,A、B、C、D四栋楼分三期建成,依山傍水,绿草悠悠。大部分新生每天起早赶路的目的地便是明德楼,这里是他们修读基础必修课程的地方,也是他们社团活跃的一角。明德楼两侧各有一个报告厅,学生们称之为"报告厅一"及"报告厅二"。旧时的报告厅较为简陋,现在的报告厅经过一番装潢后,已然成为学校的小礼堂,每每举办大型比赛活动,这里便是热火朝天。相比报告厅一,报告厅二的舞台更大,且含有后台及衣帽化妆间,是一个不错的歌舞展示平台。两个报告厅,见证着一场又一场比赛活动的开始和落幕。

"现在你的到来,给校园增添了不少色彩。"天佑楼换了一个舒适的坐姿,继续喋喋不休,"就你那个又大又气派的音乐厅,可是承担起了2019年太空教育论坛、中国大学音乐超级联赛、珠海市大学生艺术节的开幕式,其中太空教育论坛就

---

① C位:网络用语,表示最突出的位置,后同。

○ 中国航天英雄、中国载人航天工程副总设计师杨利伟与北理珠学子近距离分享、交流。

○ 2019年太空技术和平利用（健康）国际研讨会：由中国宇航学会、中国高科技产业化研究会和国际和平联盟（太空）有限公司联合主办，是中国首个通过非官方平台以健康主题切入的研讨会，是推动太空技术与产业深度融合发展的国际性大会。太空教育论坛为其分论坛，邀请中、美、俄、法等主要航天国家相关机构、航天领军企业、科研院所、高校、社会团体和投融资领域的领导和知名专家参会，11月19日，在北京理工大学珠海学院举办。

○ 中国大学音乐超级联赛：由共青团中央学校部、共青团中央网络影视中心、咪咕文化科技有限公司主办，是目前中国最具权威、最大规模、最有影响力的高校音乐竞技赛事。2019年11月25日晚于体育文化综合馆音乐厅举办14强淘汰赛。

接待过很多'大咖'，航天英雄杨利伟、运载火箭专家龙乐豪院士、俄罗斯联邦英雄Alexander M. Samokutyaev（亚历山大·米哈伊洛维奇·萨玛库查耶夫）、美国太空探索者协会（ASE-USA）执行理事长Andy Turnage（安迪·特纳奇）、法国图卢兹太空城总经理Jean-Baptiste Desbois（让-巴普蒂斯特·德布瓦）都来过。"

条条道路通明德，而人们所熟知的便是明德楼的长坡。因为上下课期间人流量大，车辆往来密集，学生们都爱称它为"夺命坡"。沿着"夺命坡"，天佑楼对体育文化综合馆说：

"以前学生们每天上学就是走这条路。"

路灯下的树影影影绰绰，两侧的树早已葱葱绿绿，当年种下的榕树也成了枝繁叶茂的大家伙。当日薄西山，火烧云气势磅礴的时候，学生们最爱从这个角度，越过树梢，拍下珠海的天，刻下北理珠的美好瞬间。

"现在多了许多弟弟妹妹，学生们也多了很多去处。"天佑楼用手比画了两下，"你看那边，就是弘毅老哥的地盘。"

○ 夺命坡

在"夺命坡"上往远处望去，可依稀看到体育文化综合馆正对面的弘毅楼。弘毅楼和明德楼年纪相仿，名字取自"士不可以不弘毅，任重而道远"。其建筑面积超过4.2万平方米，是北理珠规模最大的建筑群，分为A～H，8栋相对独立却又相互衔接的楼体。"弘毅老哥原名'化工楼'，曾经他酷爱铁灰色的衣服，如今他改变风格，从一个灰色系小哥哥转换成复古红装系小哥哥。你瞧瞧这楼，这景，还有旁边宽阔翠绿的足球场，像极了一个花园。"

"就是那个像极了'艾利斯顿商学院'的哥哥吗？我可以①！"体育文化综合馆一脸激动。

"弘毅老哥内部环环相扣、错综复杂，听他说，经常有新生急得找不着上课的路。"天佑楼紧接着说，"还有还有，想当年台风'山竹'光临，弘毅老哥帽子没戴稳，'弘'字的'弓字旁'给吹飞了，当时的老师和学生还发朋友圈四处寻找呢。你说逗不逗？哈哈哈哈。"

"不过，弘毅老哥可不是徒有其表。"天佑楼咽了咽口水，"他可是学校教务处所在地，也是商学院、材料与环境学院、数理与土木工程学院的所在地。商学院、材料与环境学院

---

① 我可以：网络用语，指对一些初见的人怦然心动，或者对某件物品钟情，暗指对某些人或事物的喜欢。有时也简化成一个字——可。

○ 弘毅楼

○ 弘毅楼

○ 一顿饱饭过后,北理珠学子们又接着赶往弘毅楼上课。

的大部分实验室便设置于此。"

学子桥曾经是学生们去往弘毅楼的必经之路。学子桥上,菁菁学子,行人匆匆,落花流水风景独好。波光粼粼之上的学子桥见证着学生们的求学热忱。傍晚时分,阵阵饭香味迎风而来,怡园的热闹声、滑板与地面的碰撞声、篮球场的喝彩声以及赶着上课的人构成了一幅充满活力的画面。

与怡园一样充当临时提供便餐作用的当属天佑楼背后的小食堂,这里不知陪伴了多少见过凌晨4点钟校园的科研学子,而如今随着天佑楼的改造,小食堂已经夷为平地。

"要说哥哥我,就不得不提楼前的那几架大飞机了,可以说酷到没朋友①。"天佑楼一副得意模样,"那可是中国人民

○ 强-5被称为战斗机中的"美男子",目前已停产,从教学角度考虑,强-5更具价值。

---

① 酷到没朋友:网络用语,超级酷的意思。

解放军空军装备部赠予学校的一架退役的强-5战斗机。"

体育文化综合馆迫不及待地看向飞机,用手指反复触摸,就像一个小孩,她不认识这个是什么,但她觉得有趣。

"接下来给你来段正儿八经的自我介绍,你哥我原名'机车楼',建筑面积2万平方米。作为一个'硬核'①的教学楼,楼内设有6个实验室,22个实验分室,有实验用房3400平方米,拥有教学实验设备约270台套,价值600余万元。"

"怪不得这么'机车'②。"体育文化综合馆小声说道。

"你别打断我。据说申请战斗机到珠海,一方面是用于教学,培养人才,另一方面也是想建立一个航空科普教育基地,培养市民对航空科技的兴趣。"天佑楼又说,"航空学院成立于2009年,由此北理珠成为华南地区首所设有本科类航空专业的高校,也是广东省为数不多的能够培养飞行员的本科院校。"

"目光移向北理珠的西北角,也就是我的左手边,穿过一段石栏桥,绿荫下掩藏着一幢中等体量的青灰色建筑,她就是我的小老妹——艺悦。她于2012年落成使用,是我们北理珠的孵化式教育基地呢。"天佑楼满脸坏笑地说,"不过由于艺悦内部设计像一个'迷宫',整体色调是高级灰,再加上常年作业量排名前三,被学生们戏称为'抑郁楼'。"

---

① 硬核:网络用语,译自英语"hardcore",指节奏感强的说唱风格,后引申为有一定难度和欣赏门槛的事物,后同。
② 机车:地方方言,部分地区用来形容反应慢、啰唆、不上道。

○ 艺悦楼

  独具风格的七巧板式鹰形（顶视）建筑，既像屹立在巨石上的雄鹰，也像一柄茶台上的大茶壶，象征着具有文化品位的艺术事业的永久生命力，这里孕育着一代又一代德艺双馨的学子。艺悦楼设有画室、服装设计室及T台，楼道墙上布满了学生们的涂鸦艺术，画室里摆放了洋溢着艺术气息的石膏雕像和素描，排线的沙沙声也不时传来，这也印证了"艺悦"二字的由来——艺美悦己，独具匠心。

  信息学院及计算机学院坐落于知行楼，"格物致知，知行合一"是每位信院和计院学子必须懂得的道理。知行楼建筑面积达10000余平方米，自2014年9月正式投入使用以来，这里走出了一批批具有代表性的创新性人才。

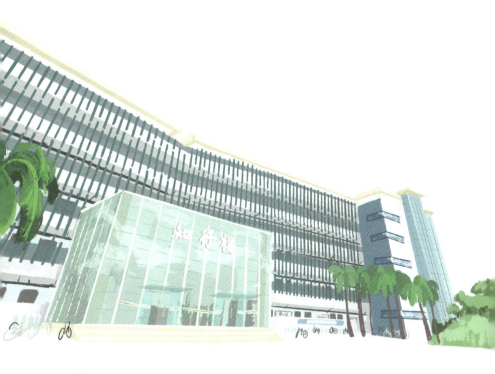

○ 知行楼

"再往下走便是我们的小老弟知行楼,他可是由国际知名建筑设计机构设计的,除了我就数他最帅了。白天阳光普照下,门前的玻璃外壳,像一块清澈透亮的绿琉璃,熠熠生辉。"天佑楼又说,"明明可以靠脸吃饭,却偏偏要靠才华。他可是一个缺什么都不会缺电脑的教学楼,不仅如此,里面拥有先进精良的设备,学院老师带领的学生研究团队工作处、科研社团办公室就驻扎在此,我可不敢惹。"

"要说我们大北理珠的颜值担当,当属求是妹妹。"年龄尚小的求是楼年仅4岁,赭红色的外墙彰显其典雅高贵的气质。

"是那个看起来很洋气的姐姐吗?!"听到求是楼,体育文化综合馆小迷妹突然上线。

○ 求是楼

"求是妹妹设计新颖,与传统的教学楼风格截然不同,融入创新元素,是一座西洋风格的建筑。2016年落成使用至今,已经含纳了会计与金融学院、民商法律学院、中美国际学院和布莱恩特项目四个学院。内部设有咖啡厅、模拟法庭、书吧、智慧教室,都是宝藏呀。"

精工楼在学校一隅,是学校最遥远的教学楼,外表的金属质感和其所处的位置一样,低调而又奢华。至2013年落成使用至今,一直秉承着"德以明理,学以精工"的工匠精神,是"高巨毅恒"等科研团队的驻扎点,学霸的聚集地。内部的工程训练中心分为金工实训和电子电工实训两大区域,工科专业学生的大部分实践课程都会在这里上,真真正正地动手操作机

○ 精工楼

器、打磨作品,将理论和实践相结合。

　　工程训练中心占地面积约6800平方米,总建筑面积达10000平方米,其中包括价值2000万的实验设备。

○ 实验室一角

"工匠精神便铸造于此呀。"

"还有呢,还有呢。"

一声下课铃打断了他俩的对话,看着上下课的学生也只好作罢。

(五)

夜幕降临,体育文化综合馆迫不及待地坐上床,等待着明德楼的睡前小故事。只见明德楼抱了一沓资料,重重地放在桌上。

"这些是什么呀?"体育文化综合馆好奇地问。

"今天让你见识咱们大北理珠的厉害。"

看了看资料堆上一本厚厚的封面印着"北理珠荣誉手册"的书,明德楼不禁发出感慨:"建校17年来,北理珠在传承北京理工大学优良传统和文化底蕴的同时,也在教育实践中大胆探索、勇于创新,并逐渐形成了办学特色。"

正如明德楼所说,北京理工大学珠海学院是依托北京理工大学的丰富办学经验和优势学科而兴建的本科高校,被誉为"名校延伸办学的典范"。现已经推行实施全面预算管理制度、学生自治管理体系、学生全程导学模式和完全学分制等,领先于国内很多高校。在广东省创新强校工程和珠海市重大项目评审中均取得了骄人的成绩,实施创新驱动与服务地方的能力不断增强;获评"全国先进独立学院""十大品牌独立学院""国际影响力独立学院"等称号，社会美誉度不断提升；学生们积极参加各类学术科技和创新创业竞赛，自2011年以来，获得全国大学生数学建模竞赛、全国大学生电子设计竞赛、全国大学生机械创新设计大赛、美国大学生数学建模竞赛、"挑战杯"全国大学生创业大赛等重大竞赛省级三等奖以上奖项120余项。

体育文化综合馆看着荣誉手册在自己眼前一页页沙沙地划过，她来不及看清里面到底密密麻麻罗列了些什么，但她能清楚地看到，从2004至2021，这串数字依次在她眼前闪过却未中断过。

体育文化综合馆瞪大了眼睛，连连称赞："广东省独立学院中理工科实力第一名，果然名不虚传。"

"这些只是表面，学校能有今天这般翻天覆地的变化，与教学建设的不断提高和全校师生的努力密不可分。学校聘请了数名知名教授担任相关专业学院兼职院长，并作为学科带头人，还聘请了近百名国内外知名学者担任名誉教授、客座教授，在学院授课或讲学。同时开展高层次人才引进计划，连续三年，每年引进100名优质教师。其中中国工程院院士朵英贤、中国社会科学院学部委员梁慧星、著名统计学家方开泰、国家级教学名师焦永和等一批专家名师受聘在校工作，也有从百强名企中特聘的具有优秀管理水平的企业家驻校教学。"明德楼翻了翻资料，说："这里的老师可厉害了。目前，共有专任教师1000余人。教授、副教授等占比34%，硕士及以上学位的教师占比83%呢。正是这一批批具有园丁精神的可敬的学者们，陪伴着学生们度过了一个个春夏。其中让我记忆犹新的便是梁慧星教授了。"

体育文化综合馆一脸期待。

○ 梁慧星,中国著名民法学家,中国社会科学院学部委员,中国社会科学院法学研究所研究员,《法学研究》杂志主编,中国社会科学院教授,博士生导师。其兼任四川大学、西南政法大学、山东大学博士生导师。现为北京理工大学珠海学院特聘教授、民商法律学院名誉院长。

"中国民法泰斗——梁慧星教授!但他与北理珠的缘分学生们未必都了解。2014年,本已定好退休归隐的梁慧星教授接到来自北京理工大学珠海学院的邀请,来到学校之后,被'学校办学绝不是为了盈利'的办学理念所打动,于是改变了原定的人生计划,做好准备将余生贡献在讲台上。他说他愿意在这里贡献自己的智慧和经验,和这里的新同事一道,努力把北理珠民商法律学院建成中国最著名的民办大学法学院。"

"那他一定爱极了他的学生吧。"

"民商法律学院图书馆曾多次接受梁慧星教授捐赠的书籍,数量最多的一次达4486件,其中包括他的亲笔著作、工作文件、其弟子的学术文集以及我国台湾地区、日本、德国等著名法学学者的珍贵赠书等。其中不乏梁慧星教授的弟子或友人之绝版手稿,甚至多数为未出版的作品。他可是一个爱书如命的人呢。"

从"新生讲座"到"伴读弟子",从"雏鹰计划"到"捐书行动",梁慧星教授一生不仅仅在为民法而斗争,更是在为民法的未来斗争。正如梁教授所言:"我们进入法学院学习的目的,是把自己造就成优秀的法律人,并且知晓什么是法律人,什么是优秀的法律人。"作为民商法律学院名誉院长,梁慧星教授在百忙之中仍心系北理珠法学子,要求法学生不仅要"明法",还要"笃行",成为一个明确自身方向的法律人。因此,在这种教育理念下,梁慧星教授致力于为本科学生答疑解惑,向北理珠学子分享他璀璨的求法之路,分享他生活在民法中的点点滴滴。

十年树木、十载风雨、十万栋梁,教授教师们做到了将毕生所学给学生答疑解惑,无问西东。

明德楼将手指定格在某张资料上,"这里有52所实验室[①](中心),各级科研平台23个,设施完整度和技术水平远超同层次院校!除此之外,还建设了6300平方米的创业孵化园区,

---

① 北理珠实验室的硬件设施装配精良,包含航空、电子信息、智能制造、软件、化工、集成电路、智能电网、新能源汽车、物联网、大数据、3D打印等粤港澳大湾区重点发展产业的相关专业实验室,是目前珠海市同类型院校中规模最大的。

先后获广东省'省级众创空间试点单位'及科技部'国家级众创空间备案单位',是珠海首批进入国家级队列的高效众创空间,其中有44家入驻企业是我校学生创办。图书馆内的电子资源存储量更是一度获得'中国数字图书馆分馆'称号。馆藏图书文献共计310余万册,阅览座位3700余席,中央空调,全网覆盖,再加冷热水免费供应,不要太巴适①。而且,学校一共有5个专业通过中华工程教育学会(IEET)工程及科技教育认证②,获得IEET专业认证数量为全省高校第一。"

体育文化综合馆见明德楼说得激动,嗓子有些哑了,赶紧端了一杯水来,突然看到书上出现一群穿着神似哈利·波特的学生,好奇地用左手指着:"这是啥?"

明德楼顺着手指的方向盯过去:"哦哦!这个呀!这是我北理珠2018年4月荣誉学院揭牌时的学生合照。"

明德楼继续说道:"荣誉学院是秉承'全人素养教育'理念,培养学生的国际化视野和跨文化交际能力的地方哟。里面的青年导师和学生都是从不同学院中遴选出来的佼佼者。他们的教育模式与一般高校的教学很不同。荣誉学院没有太过固定的课程模式,在那里学生都比较自由,但就是这种不同的模式会让他们加深对生活及社会现象的思考。每学期他们会出国调

---

① 巴适:四川方言,有很好、舒服、安逸的意思。
② 中华工程教育学会(IEET)工程及科技教育认证:通过IEET工程教育认证的大学院系毕业生,代表已具备执行工程专业所需之基础教育,且其专业将被各会员国认可,有助于扩大国内大学生的学历适用地区。北理珠通过IEET工程及科技教育认证的专业:电子科学与技术、机械工程、自动化、环境工程、软件工程。

研，开阔视野，看看'一带一路'。老师则会教学生们养成自主学习的好习惯，同时还常有各行各业的精英去给学生们开设讲座，了解世界发展呢！"

"哇，不愧是选拔出来的尖子生。"体育文化综合馆发出赞叹。

"不光荣誉学院的学生厉害，从北理珠走出去的学生很多都是棒棒的。一批学生考取北京理工大学、中山大学、西北大学、吉林大学、暨南大学、南京航空航天大学、西南政法大学等一流高校的硕士研究生，部分学生先后赴爱丁堡大学、澳洲国立大学、波士顿大学、悉尼大学、纽约大学、昆士兰大学、莫纳什大学、伯明翰大学、诺丁汉大学、香港理工大学等知名大学深造。近年来，学校还与澳门科技大学、澳门城市大学、香港浸会大学开展保荐研究生项目。"说着，明德楼伸手递过手上的大数据给体育文化综合馆。

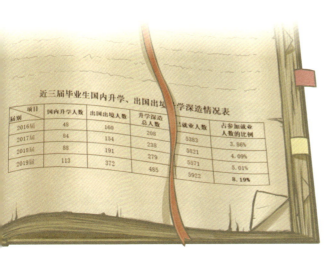

近三届毕业生国内升学、出国出境、升学深造情况表

项目 届别	国内升学人数	出国出境人数	升学深造总人数	就业人数	占参加就业人数的比例
2016届	48	160	208	5383	3.86%
2017届	84	154	238	5821	4.09%
2018届	88	191	279	5571	5.01%
2019届	113	372	485	5922	8.19%

○ 2019年，我校考研成绩喜人，捷报频传。485人被国内外知名大学录取，113人国内升学深造，375人境外升学深造，国内升学、出国出境人数占参加就业人数的8.19%，较2018年增加3个百分点，创学校历史新高。

体育文化综合馆的手划过一个个的数据,细细比对着,暗暗感叹现在的学生果真是越来越厉害啦。

"近年来,学校注重国际及港澳台交流合作发展,修双学位①、国外交换生项目②及赴台湾交流生项目③选择很多呢。说到这,就不得不说北理珠发展的一大亮点:中外联合办学,中外双学位,本硕连读项目,全英教学,小班授课,倡导学生自主学习……"明德楼顿了顿,"没错,布莱恩特项目④和中美国际学院⑤便应运而生了。截至目前,已与国(境)外72所高校签署了交流与合作协议。"

明德楼摸着体育文化综合馆柔软的头发,"好啦,该睡啦!"看着她圆圆的脑袋陷进枕头里,睡得香甜,时不时说出几句梦话,身边的一切都开始安静了下来……

(六)

当体育文化综合馆睡醒,明德楼打算向她正式介绍相关事

---

① 双学位:至2019年,有6个学院开设辅修/双学位的课程,科目涉及理、工、商、法,为学有余力的在籍本科生提供更广阔的学习平台和更多的学习机会。
② 国外交换生项目:参加交换生项目的学生,可在意大利、波兰、爱尔兰、韩国等国家共6所大学进行一学期免费学习。
③ 赴台湾交流生项目:至2019年,已与台湾13所高校签署合作协议并建立了合作项目,学生可申请赴台湾高校进行短期学习及交流。
④ 布莱恩特项目:2015年成立,与美国布莱恩特大学(位列全美顶尖5%院校)合作办学项目获教育部批准。
⑤ 中美国际学院:2016年成立,与美国优质高校(新墨西哥大学、乔治城大学、佩斯大学、摩斯大学、肯塔基大学、圣约翰大学)开展联合培养及本硕连读项目。

宜，毕竟作为学校体育设施的高配，体育文化综合馆以后将肩负重任。他给体育文化综合馆看了学校体育设施的分布图，以读书岛为界，分东西两大块体育运动区域。明德楼双手比画着，仿佛指点江山。东边是以田径场为首的繁华运动圈，左右围绕着两大篮球场、羽毛球馆、排球场及东网球场。西边则是体育公园、学生素质基地[①]、足球场、轮滑场及一些零散分布的篮球场。即使夜晚十分静谧，学生们也可以在这寻得一处热闹。夜间各大运动场所灯光通明，田径场上不乏运动的身影，学生独立却不孤单。看台下更是一番热闹，中华武术、龙狮等齐聚一堂，这是他们每晚练习的大本营。

---

① 学生素质拓展基地，占地13700平方米，基地内设置了水上和陆地拓展区域、室内分享教室，以及低空、中空和高空拓展等设施，其中包括了攀登、速降等在内的12个项目。

○ 东篮球场

○ 以前的荔枝林如今已是绿树环绕的读书岛和月牙湖。

听到龙狮，体育文化综合馆突然产生好奇。

"这群学生可没少给学校争光。今年北理珠作为全国四所高校代表队之一，前往迪拜参加2020'欢乐春节大巡游'龙狮武术展演[①]。"

"酷！"

"他们以往都是在操场训练的，但起初的学生可没那么幸福，那时的操场可就是一大块沙地，还凹凸不平，一下雨就一地的雨水沙子，现在你见到的，已经是建校多年后改造的样子了。趁着19年暑假，附近的篮球场也打扮了一番，原本这残次的篮架、篮网不仅翻新了，还多建了几个呢。"明德楼看着体育文化综合馆投来羡慕的眼光温柔地笑了。

"那现在呢？变漂亮了应该很多学生都爱去那儿了吧？"

[①] 2020年是迪拜连续第三年举办"欢乐春节大巡游"活动，也是中国大学生首次在迪拜进行舞龙舞狮表演。北理珠龙狮队多次获得省级舞龙舞狮比赛冠军。

○ 田径场

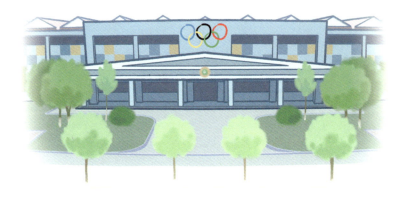

○ 羽毛球馆

体育文化综合馆用稚嫩的声音发问。

明德楼慢慢地点了一下头："当然,现在除了宿舍区,最热闹的就是那块了,每天晚上九十点,还有学生舍不得走。而且呀,不止舞龙狮的学生在操场哟,还有玩双节棍的、练街舞的、社团围坐玩游戏的、练习唱歌的。一大群兴趣相投的学生聚在一块儿,显得格外朝气。"

"北理珠十多年来,是由山区一点一点开发出来的,自然未开发的山区在北理珠也算是特别的风景。有一片山还没被开发,去的人也少,被大家称作'后山',2015年,'炸'了一块地建成了水面面积达2800平方米的游泳馆……"明德楼仿佛将历史在心里重演了一遍。

体育文化综合馆一听，居然建了这么大的游泳池，兴奋地问道："然后呢，然后呢！"

"这泳池呀，只要我校师生凭相关证件可享受优惠门票，女更衣室还有热水淋浴，当然是吸引了大把学生老师去啦！而且——每年都有'泳池走秀'节目，显得格外热闹。当然舒舒服服躺在清凉干净的泳池里，也是夏天的不二选择。泳池周边还坐落两所健身房，一所跆拳道练习室，一所柔道室，音乐一放，灯光一闪，那简直不要太嗨！"突然最晚的下课铃声响起，明德楼看了看表，"哎呀，都10点了，刚好体育设施也介绍得差不多了，早点睡觉，小不点！"

◎ 游泳馆

（七）

北理珠其实还有一个别名——"美食大学"。除了有适宜居住的环境，还有5个饭堂与众多的特色美食小店，每天都有上百种美味任学生挑选，不定期有部分档口更换，更新学生们的"美食池"。学生们每天饭前都用摇色子的方式决定吃什么：一是一饭、二是二饭、三是三饭、四是四饭美食街，五是鑫茂餐厅，六是外卖。

"记得2017级的小屁孩大一报到时，正好赶上了一饭和三饭换装完工，也换了一批新的美食店铺。"明德楼回想着。

美食二字一飘过，体育文化综合馆立刻激灵地坐起来，细细地听着明德大哥娓娓道来。

"十年前的三饭简约普通，现在的三饭更有格调，灯光耀眼明亮。"

"那里面的东西好吃吗？"体育文化综合馆问。

"当然，陆陆续续地装修改造后，北理珠也拥有了'广东最好的高校食堂'之称。第一食堂，也称膳香阁，是一个综合

○ 第三食堂

性食堂，分为两层，一楼的酱香饼、肠粉、营养粥和盖饭，还有二楼的麻辣烫最得学生们的芳心。一食堂二楼更有多媒体、舞台、音响等设备，可供聚会使用。三食堂有着各式各样的早餐，一楼二楼的自选窗口菜式繁多，还有烤鱼、麻辣香锅、螺蛳粉、冒菜、梅菜扣肉、烧饼等等。一食堂、三食堂还是很多社团的临时据点，学生们成群结队，十几号人每人一杯糖水，围坐在一排桌子前，有说有笑，社团的情谊就在这一次次的聚会中产生了。"明德楼说，"二楼还有卡拉OK，有才艺的学生可以上去一展歌喉。"

"我会唱！燃烧我的卡路里，拜拜甜甜圈珍珠奶茶方便

○ 第一食堂

面,火锅米饭大盘鸡,拿走拿走别客气……"

"停!先听我说完。与三食堂同期改造的还有一食堂,也都非常简洁大方。"

"那最具特色的是什么呢?"体育文化综合馆问。

"这最具特色奖,非打菜阿姨莫属。"

"难道他们手抖的方式比较有特色?"

"恰恰相反,阿姨们热情得很,一有学生出没,首先那一句'同学看一下吃什么呀'就免不了。"

"这不吃都不好意思了,哈哈哈哈。"

"说到第二食堂,除了人气爆棚的酱爆菜,独具特色的韩式拌饭,经得起大众考验的螺蛳粉和北理珠人都知道的果汁等,不得不提的是2019年翻新的周边环境,门前翻新的石砖路,新建的下沉式广场,原木的座席,绿油的草地,是不少学生休闲的好去处呢。"

○ 第二食堂门前新建的公共设施

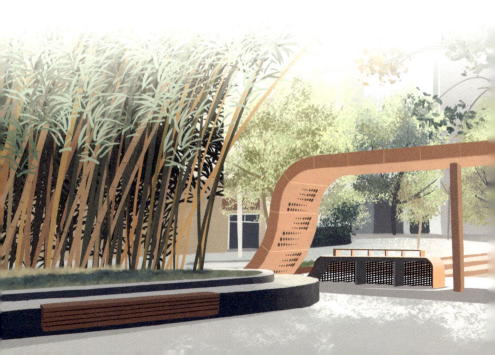

"饭前饭后来一杯,可!"

"走,带你去四饭买杯奶茶,再慢慢跟你讲这个食堂都有啥。"明德楼接着说,"你现在看到的'珍轩美食汇'前身是第四食堂,初次相见只有零星几排档口,一到下课人满为患,从来都不是学生的用餐首选。听学生说,当时的最佳档口是麻辣香锅。后来改名重建成现在的美食商业区,不亚于41栋的星梦街。全新装修的第四食堂内外皆是美食档口,有经常断货的炸鸡,超好吃的盖饭料理,开胃热乎的酸汤鱼粉,香糯可口的紫菜包饭,正宗的东北饺子和减肥人士钟爱的酸奶捞……"

"星梦街是什么?"体育文化综合馆咽了咽口水,问道。

"一条可以满足你大部分需求的商业街,集小型超市、水果店、眼镜店、奶茶店、药店、各式餐饮店于一身,还有复印

店,对于居住在附近的学生来说简直是福音。不过你别激动,考虑到生活区的安全隐患,这里的餐饮店都陆续搬走啦。没关系,咱们面朝三饭,近临四饭,想吃啥买啥都没问题。四饭的CoCo、luckincoffee我先喝为敬。"

"明德哥哥,那学生们说的教工餐厅是哪个?"

"看到学校中央的小圆盘了没,教工餐厅就在那。"

位于交通要点的转盘处的教工餐厅,从2015年开始使用,学生们也称其为鑫茂餐厅。一楼档口以自选快餐为主,还有烧腊、扒饭和面类,味道中规中矩,是便餐的好去处。二楼就餐形式类似于茶餐厅,这里的砂锅米线、黄焖鸡、汤饭都值得一试。

"除了食堂,学校还有其他美食店铺吗?"

"曾经的航空文化广场飘着咯咯鸡的香味,有排着长队的山东煎饼,还有京工小超市及一些餐饮商铺。继商铺搬出宿舍楼后,这里铺上大理石石砖,建成了航空文化广场,也成了学生了解校园新动向的地方。出于学生安全考虑,几乎所有宿舍楼下的店铺均已搬迁,部分搬到了超市里面,有些暂时离开了

○ "满忆糖水"门前总是大排长龙,它珍藏着北理珠人味蕾的记忆。很多校友会专门回到学校打包。

我们,还有一些则搬去了山高水远的中盛食街①。航空文化广场一侧和宿舍楼19栋旁都有美食店,刚出炉的豆浆油条、足料的山东煎饼、飘香的牛肉面、酥脆的肉夹馍、每晚都排长龙的'满忆糖水'……在令人垂涎的美食面前,减肥的决心可谓是不堪一击啊!"

"据说还有神秘的第五食堂,到时候一起去吃哦。"

---

① 中盛食街,一个比精工楼还要远的地方,地处精工楼附近,靠近北理工驾校,是一座三层建筑,目前一、二层的商户为学生们提供就餐服务。

（八）

许是夜深了，学生们都进入了梦乡，宿舍区里的食堂跟宿舍楼们开始你一眼我一句的搭话。

"学期快结束了，是不是要有新生进来了呀！每次看着这群孩子接过钥匙，大包小包地扛上楼，别提有多激动了。"

"今后有了电梯，可又是一番新场景了吧。"

"部分宿舍改造，拥有了硬件设施更加完备的独立卫浴，安全系数更高且更加人性化的新门窗。而且在室内灯光、室外采光、空间布局等方面也有所考究，灯光从原先的单色灯变成

○ 宿舍楼群

了三色灯，这能够满足学生对不同时段或者不同氛围的灯光需要，酒店式的升级，给孩子们带来了家一般的舒适体验。你瞧瞧这木质的门、这木质的柜子，可是下了血本呢。"

"每个宿舍都给他们配备了洗衣机,不用投币就能使用的那种,我可真是操碎了心。"

从建校至今,学校已经拥有了41栋学生公寓和26栋教师公寓。从晨光熹微至华灯初上,这里已经住进了17批学生。每年新生到来之际,宿舍区都会悄悄地发生一些变化,部分学生宿舍楼下以"庭院"为概念进行改造设计,庭院小道旁放置了很多提供休憩的长板凳。舒适的环境更能符合宿舍"小区化管理"的理念。届时生活区的整体设计将会得到全面优化,成为集广大师生的活动中心,更好地为全校师生服务。

这边,明德楼跟弘毅楼在有一搭没一搭地聊天。

"建校之初操场还是一块荒地,如今经过二次翻新的操场和羽乒球馆变得更美。你瞧瞧那亮色方块,充满活力的羽乒球馆,怪不得晚上这群孩子常常来这里蹦跶。"

○ 庭院小道

"听说操场看台将会重新改造,观众席也会增设雨棚等设备,以后校运会、院运会这群小朋友就不用顶着大太阳看比赛了。"

"还记得2007年,学校师生4796人在运动场用手语同唱《爱的奉献》,与央视携手刷新吉尼斯世界纪录,这一幕仿佛就发生在昨天。"

"那可不,咱们见证了一批批稚嫩小孩的成长,成就了一个个从这里出去的学子……"

夜深了,谈话声开始慢慢变小,校园内慢慢地又恢复了安静。很快,太阳又会升起,新的一天即将到来,而他们的故事,也将继续。

第二章
尝试 Attempt

（一）

时间：【大一第一学期】 9月5日　早上7:35
地点：体育文化综合馆

"您已到达目的地，导航结束。"

○ 校东门

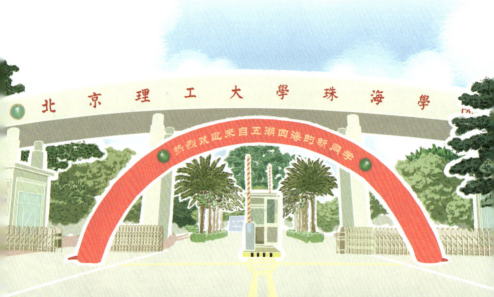

○ 东大门其实不是正门，却是许多北理珠学子眼中的"正大门"。东门正对面便是轻轨唐家湾站，并配套公交站，交通便利。连接东门和唐家湾站的是一座小天桥，每晚天桥口卖烤红薯和糖炒栗子的大爷从不缺席，等候外出归来的学子。

两小时车程的睡意瞬间消退，邱莳将头探到了车窗边。眼前的一切都是新鲜的，一排排绿色的共享单车、穿梭的校园大巴、流动的志愿者、各种小吃店……车子向前开，景色往后方一点点消失又出现，邱莳恨不得能将整个身子都探出去，让九月温柔的风扑向自己。

在身披马甲的志愿者的指引下，邱爸爸的车缓缓地驶进了校园。

"学校看起来真漂亮啊。"校园大得很容易让人找不到方向，但是每个路口都贴心地安置了醒目的指引牌，顺着牌子指引的方向，一路来到体育文化综合馆。邱莳检查了一下注册要用到的证件，打开车门，今天的阳光灿烂得晃眼睛。报到现

○ 每回下课必定经过的便是鑫茂餐厅（教工餐厅），为了节省时间，这里往往是就餐的首选。餐厅外的煎饼果子店也是不错的临时补给站。

场很是热闹，每个学院都拿出了自己的"门面担当"[①]，互相battle[②]。这边整齐划一的步兵机器人，像英姿飒爽的军人般直线前进，那边也拿出了可以循着轨迹将物品搬运到指定位置的工程机器人。除了信息学院的机器人，还有工业自动化学院的汽车、航空学院的飞机模型、设计与艺术学院的精美展板……不过最让邱峙感兴趣的，还是门口那个看起来傻乎乎的，会与人互动的智能小机器人了。

历年，北理珠在各类机器人比赛中荣获136项奖项，其中1项国家级特等奖，18项国家级一等奖，45项国家级二等奖，39

---

① 门面担当：网络用语，团体组合中外貌最出色、形象最佳的人。
② battle：网络用语，始于嘻哈文化中，相当于一种PK或较量。

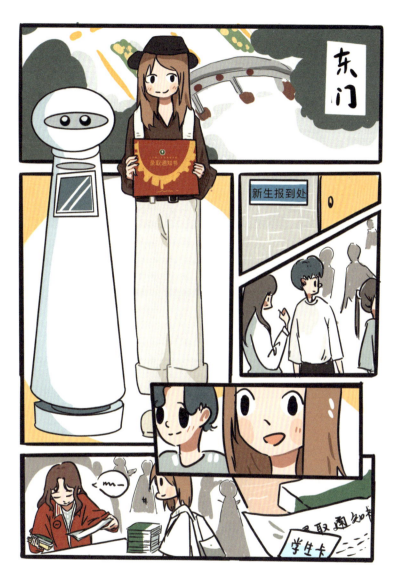

○ 全国大学生机器人大赛（RoboMaster）是由共青团中央、全国学联、深圳市人民政府联合主办的赛事，是中国最具影响力的机器人项目大赛，是全球独创的机器人竞技平台，包含机器人赛事、机器人生态，以及工程文化等多项内容，吸引到全球数百所高等院校、近千家高新科技企业以及数以万计的科技爱好者的深度关注。

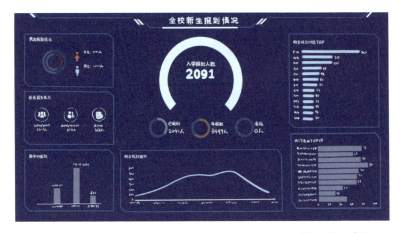

○ 以往新生入学报到点集中在明德楼，2019年起，新生入学点则在新建成的体育文化综合馆，并设数据大屏幕。大数据实时更新新生入学报到信息，包括热门专业数、各学院报到情况、新生报到趋势图、新增车辆数等，特别是男女比例数据放大放大再放大。对学生的需求了如指掌，妈妈再也不用担心我母胎solo[①]19年了。

项国家级三等奖，远超省内同类院校。

近年来，北理珠毅恒团队与华南理工大学、深圳大学、华南农业大学等强队同台较量，2019年8月对战冠亚军队伍东北大学和上海交通大学，夺得国赛一等奖。

"我们来得好早呀，你看，才519人报到了。"依依不舍地跟小机器人说再见，一走进注册点，邱旹就看到了一个布满数据的大屏幕，数据在不停地更新跳动着。

"所以第520位新生小宝贝，先去注册吧，待会儿人就会越来越多了。"邱妈妈按捺住兴奋的女儿。

在师兄师姐们的指引下，注册并没有花多少时间，不一会

---

① 母胎solo：网络用语，表示从小到大都没有脱单过。

○ 2019级新生录取通知书改版，变身礼包，比以往增添不少小心思，承载着北理珠对新生们满满的诚意。

○ 2020级新生录取通知书升级为礼盒，延续"开·启"概念。

第二章 尝试 Attempt

儿,邱莳就从注册室出来了。

顺着路边的指引牌,邱爸爸把车子开到宿舍楼下。一家三口围在车尾,看着塞满车尾箱的行李,有点头疼。在家收拾行李的时候,邱爸爸邱妈妈差点没把整个家塞进行李箱,给女儿带来学校,但是现在……当事人显然是非常后悔。

"您好,请问需要帮忙搬行李吗?"这声音犹如仙乐般,拯救了正不知如何是好的邱莳。赶紧回头看,原来是站在路口的学生志愿者。

"呀!谢谢谢谢!"邱莳笑得快找不着眼睛了,"不过我的行李有点多而且有点重,真是麻烦师兄了!"

"不用不用。"志愿者们一边说着,一边利索地将行李一件件扛了起来。

邱莳一家人连着帮忙的师兄们一起，扛着数量可观的行李，摇摇晃晃地向宿舍出发。

（二）

用钥匙打开了棕色的宿舍门，亮堂的宿舍让邱莳眼前一亮。

"同学，叔叔阿姨，我们就先走了，祝师妹大学生

○ 豪华四人间，友爱六人间，上床下桌，3D立体全方位最佳观景区，你值得拥有。

活快乐顺利！"

"非常感谢非常感谢你们！"送走了志愿者们，三个人好好参观了一番后，邱妈妈顺手便开始帮女儿安置行李。

"哎！停！妈，我自己来就行！"邱莳一把抢过妈妈手中的行李箱，拉着父母的手向门外走去。

"我们先去吃饭，先去吃饭。"

"你自己行不行啊？"邱妈妈好像还是不太放心，"你连被子都没套过！"

○ 四个食堂外加一个鑫茂餐厅，一、二、三食堂均可充值热水卡。装修风格时尚的三食堂，是多功能一体式食堂，一、二楼是餐厅，三楼是大学生事务中心，并新设出入境自助签注机，足不出校也可以办理港澳通行证！

学校通过大数据精准扶贫，根据每天的消费记录进行建模。2019年，给267名贫困生饭卡里充值900元，悄悄打进饭卡，保护柔软内心。

校园卡：学校发放的银行卡即为校园卡，其充当饭卡、热水卡等功能。

"她都那么大了,瞎担心个啥?"爸爸大步流星地走在前头,"走!感受感受女儿学校的伙食去。"

"走走走,我要去刚刚路过的那家,看起来就很有食欲的食堂!"

"满脑子就想着吃吃吃,不要到时候回来吃成一个小胖子咯!"

"老!爸!不许说女生胖!!"

……

邱妈妈看着前面两个活宝,无奈地摇了摇头。不过,孩子大学了,总得独立生活,就放她自己去吧!

邱莳一家来到了三食堂二楼,琳琅满目的菜品让邱莳眼花缭乱,简直要逼疯选择困难症①的她。算了,小孩子才做选择题,都想吃那当然就是——都试一遍!

"你们要吃什么呀,我来买单!"邱莳亮出了手中的饭卡,嘚瑟地说道。

"你帮我们选吧,你妈不吃辣就行。"说完,邱爸爸直接拉着邱妈妈走到一旁找位置坐下。

YES!邱莳在想吃的档口前都转悠了一圈,分别点了一份芝士焗饭,一份广式烧腊饭和一份精美小炒——待会儿就可以偷偷尝尝其他两份的味道了,我可真是小机灵鬼②。把饭菜排排放好,邱莳举起了自己的微单,给桌上的饭菜来了一张合

---

① 选择困难症:网络用语,形容面对多种选择的纠结情绪。
② 小机灵鬼:网络用语,形容这个人很机智。

照，记录下了大学的第一顿饭。

邱爸爸要赶着回去上班，吃过饭后就得回家了。

"莳莳，绿色的那个行李箱放了你最爱吃的牛肉干，饿的时候可以吃。"

"莳莳，缺钱用的话，记得跟妈妈说！"

……

一路上，邱爸爸和邱妈妈的叮嘱从未间断，邱莳一反嫌弃父母啰唆的常态，只是不断点头答应着。

到了停车的地方，车前再一番嘱咐后，车就远远地驶去。邱莳站在原地一直笑着挥手，鼻子却微微发酸，心里的某个地方随着车子远去而变得空落落的。

直到车子消失在视线之中，邱莳稍微平复了一下心情，放眼望着这偌大的校园，满眼都是陌生。

但是没关系，这也意味着

长大独立,新的篇章要开始了。

邱莳回到宿舍,舍友们的东西好像已经收拾好了。

"那我也开动吧!"邱莳伸了个懒腰。

邱莳把行李箱一个个打开,将从家里带来的床单向空中扬起、张开;将心爱的玻尿酸鸭、海绵宝宝、布朗熊、龙猫、柴犬……拿出来,让它们一个一个在床边"排排坐";最后,还在墙上挂上了与爸妈去旅游的合照和与闺蜜的照片。

"总觉得还差点什么……"邱莳在桌前寻思着,思绪突然被"咔嚓"一声打断。

"嗯?舍友吗?"邱莳从座位探头张望了一下。

"Hello!"

真漂亮啊!邱莳暗暗咂舌,大学美女多,古人诚不欺我。

"你好,我叫邱莳。"邱莳大方地向她打招呼。

"你好你好,我叫谢逸玥! 你那么快就收拾好了呀!"

"基本上OK啦!我还想去买束花,不过不知道学校有没有花店?"

"我刚刚走回来的时候看见啦,我带你去吧!"

走出宿舍,两个女生随心地在校园里闲逛。

"你是一个人来的吗?"谢逸玥拉开话茬。

"我爸爸妈妈送我来的。"

"喔，我也是，刚把他们送走。太唠叨了。"谢逸玥笑着。在邱莳看来，虽然这个女生嘴上嫌弃父母的关心，内心却是暖暖的。在家庭重视和欣赏下长大的女孩子，才会有这般爽朗的笑容吧。

下午的阳光似乎又灿烂了些，被微风带着，透过大树的叶子印在地上，现出点点光圈。师兄师姐穿着不同颜色的志愿服，带着新生和他们的家长在校园里穿梭，就像流动的彩虹一样。吵吵闹闹的校园在邱莳心里是灵动又活泼的模样。

谢逸玥带着邱莳来到了花店，邱莳简单地挑了两束满天星，她自己也随心挑了颜色惹眼的向日葵。接过店员包扎好的花束，她们拿着大学里的第一份"精致"兜兜转转又回到了宿舍。

"哎？你们回来啦！"谢逸玥一打开门，就看见两位舍友正在大扫除。

"逸玥！你们竟然去买花啦？"

"那是,精致是咱们仙女①的独家日常,来来来,我介绍一下,"谢逸玥拉过邱莳,"这是邱莳。"又转身向邱莳介绍,"这是许知星和郝雯缇。"

"你好!"邱莳大方地打招呼,眼睛忍不住好奇打量着眼前两位舍友,"你们之前就认识吗?"

"你好。"许知星声音很小,显得有些害羞。

"之前我们在网上就认识啦,一起选的这个宿舍。"谢逸玥补充道。

原来是这样。邱莳心想,却不知道接下来该干什么,呆呆地站在原地,显得有些尴尬。

"搞卫生吗?我们也一起吧。"谢逸玥开口,打破这尴尬的气氛。

"哦哦哦,好。"说着,邱莳也卷起裤脚一起忙活了起来。在谢逸玥的带动下,一开始的尴尬和拘谨像那些灰尘,随着欢声笑语和地上的泡沫一起被冲进了下水道。宿舍渐渐充满了清新的洗涤液的味

---

① 仙女:网络用语,女孩子都会把自己比喻成美丽的小仙女,谁还不是个小仙女呢!

道。在她们的布置下，宿舍由里到外都散发着生活的气息。

来到大学的第一晚，邱莳早早地爬上了床，拉好床帘后，架起了小桌子，打开了小台灯，写下了大学第一篇日记。

日记：

九月的风还很温柔，本以为会是十分狼狈的注册过程，却轻轻松松，顺利得让人意外。学校很大很美，今天在学校闲逛的时候，有一种很奇妙的感觉，走在这个相对陌生的地方，脚步却轻盈，很是惬意。

舍友们很好，逸玥是一个很活泼很开朗的女孩，骨子里透露着一丝自由与不羁，我们有好多好多聊不完的话题，相见恨晚。其他两人还没相熟，不过相信我们可以成为好朋友。还有，这里的美食也太多了，有五个饭堂，各种零零碎碎的小吃

店也很多。我一定要把学校所有美食都尝一遍！这里一切都安好，不过有点想爸爸妈妈了……明明昨晚还坐在家里的沙发上吃着水果，和爸妈一起看综艺，现在却在一个陌生的环境里独自坐在床上写日记。今天跟他们分别的时候，我差点就没忍住要哭出来了，爸妈还说……

写着写着，邱莳感到眼眶有一丝温热，下意识用力抿嘴，抑制想哭的心情。邱莳收好日记本，揣着心事躺下，这时隐约传来隔壁床舍友翻身窸窸窣窣的声音。看来对于520宿舍的小女生们，今晚是一个思念满溢、辗转反侧的一晚……

（三）

时间：【大一第一学期】 9月8日 晚上18:25
地点：操场

校道的人向田径场涌去，每个人都穿上了院服，手拿小红凳。邱莳和舍友们也一起出门了，加入这一股涌动的人潮中，共赴这场开学前的狂欢。田径场的射灯像一道道绚丽的极光，一次又一次地划过北理珠的夜空。邱莳跟着班级队伍来到了指定区域落座。

"我宣布——北京理工大学珠海学院新生开学典礼暨迎新晚会现在开始！"

射灯聚焦在舞台上，直播的LED大屏幕投影着现场，所有演员准备就绪，一场视觉的饕餮盛宴就此拉开了帷幕。

舞台音响冲击着观众的耳膜，台下不时发出观众的惊叹声。有学生在台上演唱时，台下便打开手机电筒"应援"[①]，

[①] 应援：饭圈用语，指为喜欢的偶像加油打气，后也广泛运用到其他地方。

○ 当喧闹打破夜晚的平静,也预示着打破了新生入学后原有的疏离和寂静,四年的大学生活将从此刻开始。

随着节奏一摇一摆,一闪一闪……邱莳漆黑的瞳孔印着台上不断闪过的灯光,仿佛置身星海,自己也一边跟唱一边摇晃手中的手机。

晚会结束后,邱莳还沉浸在迎新晚会的兴奋中,"今天的晚会'好嗨'啊,就像演唱会一样!"

"啊啊啊啊啊,今晚那个走秀的小哥哥好帅!爱了爱了!"谢逸玥一脸花痴,抱着枕头一脸娇羞地在床上打滚。

"是是是,那个披着银色斗篷的也超帅!"

"还有那个穿绿色衣服的女生,什么神仙颜值[①]!"

---

① 神仙颜值:网络用语,形容某人或某脸实在太好看了,堪比天上仙人的颜值。

"一个个都是腿精①!"

"不知道那个是什么社团,想试试!"

"听师兄师姐说到时候会有百团大战?"

"我想加入我们学院的一个学科性社团,听说有老师带队去打比赛。"

"哇,这么硬核!"

"我就不一样了。我想认识sqgg②!"

"哈哈哈哈哈哈哈,上!"

……

北理珠渐渐入夜,四个女生还在你一言我一语的,聊得热火朝天,520宿舍似乎又是一个不眠夜。

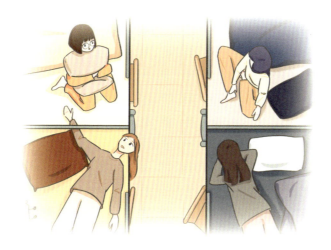

---

① 腿精:网络用语,对腿好看的人的赞美之词,指某人腿好看得不得了。
② sqgg:网络用语,拼音首字母缩写——帅气哥哥。

（四）

时间：【大一第一学期】 10月10日 下午17:40

地点：操场

"小姐姐小姐姐，来康康① 我们社团吧。"

在许知星看来，眼前过分热情的师兄师姐仿佛商店里"贴身伺候"的服务员，让人浑身不自在。许知星勉强挤出一丝笑容，对给自己发宣传单的师兄说："我先看看，谢谢。"她环顾着经过的每一个帐篷，似乎在寻找什么。

每年国庆节前后，学校社团会开展为期一周的纳新活动，被称为"百团大战"。北理珠的学生社团数量庞大，种类繁多。对于已经慢慢熟悉校园环境且习惯学校步调的新生来说，课后的社团活动无疑是丰富大学生活、锻炼自身能力和结交新

---

① 康康：网络用语，看看，后同。

朋友的最好选择。大部分的新生都会前往观望，寻找心仪的社团。谢逸玥向来爱凑热闹，这种事怎么可能少得了她。"百团大战"第一天，她就拉着室友许知星一同前往。"这个社团听师兄师姐说很不错，我想加入他们的主持队，锻炼一下自己。"谢逸玥边说边把宣传单连同报名表塞到许知星手里，"你要是没想好，可以和我加入同一个社团，以后也好有个照应。"

许知星看着手里的报名表，犹豫了。

"嗯？"谢逸玥看到许知星突然停下脚步，顺着许知星的视线望去。"让我来康康，今天是哪家社团被我家知星翻牌了。"

"哎！！！先别，先别过去。"许知星把差点冲去别人帐篷的谢逸玥拽住，"唉，还记得迎新晚会的时候，操场正中间的工作人员吗？他们扛着相机穿梭在人群中间，操纵电脑和无人机。相比台上绚烂夺目的灯光，他们更吸引我，我觉得他们好酷呀！当时就下定决心要加入这个社团。"许知星叹了一口气，"唉，可是，我还是有点害怕。我什么都不会，他们凭什么要我？"

"看一看又不用钱，不行再说！"谢逸玥拉着许知星就往帐篷走，"我记得你之前和我提过，你高中写过文章，那我觉得你挺适合宣传工作的，这个部门应该需要文笔好的，对于你来说是一种优势，可以试试嘛。"

许知星沉默不语。内心的不安不单单是对自己能力的担

○ 宣传手册上除了社团各部门架构介绍，还包括社团活动展示。这个工科突出的院校不仅仅只有科研比赛，五花八门的文体活动让学校热闹非凡。一看到夜空来回晃动的灯光，一听到百米开外操场传来的声音，大家就知道又有社团办活动了。

忧，她一想到要和不熟悉的人待在同一个社团，许知星开始头皮发麻。如果把自己丢到一个完全陌生的环境里，许知星是十万个不愿意，与其说是害怕，倒不如说是惶恐不安。

"唉，要不……我还是和你一个社团吧。"许知星开始打退堂鼓了。

"别怂①啊！我觉得这个社团更适合你，不尝试怎么会有成长呢？"谢逸玥皱了皱眉头。

像谢逸玥这种刚入学就能和室友和同学打成一片，和老师有说有笑的女孩，到哪都会受人欢迎。而自己每次都待在角落插不上话。许知星抓紧了手中的报名表，低下了头，嘴巴抿着，左手死死捏住右手大拇指，她一紧张和不安就会这样。回想过去十几年来，自己活得像个小透明，许知星内心羡慕这个生活过得热烈而恣意的女孩。

"没关系的，你不是说想有机会去尝试更多东西，想改变

---

① 别怂：网络用语，别害怕。

北理珠的社团分类

 学术科技类　　 文化类　　 公益服务类

 自律互助类　 艺术类　 创新创业类　 其他类

自己吗？"谢逸玥看到许知星攥着报名表，快把那张A4纸揉破了。"你总要踏出一步，这次碰上了喜欢的，去试试嘛。这是一个很好的机会呀。"

许知星听到谢逸玥给自己的鼓励，抬起头深呼吸了两三次。"好吧！那就试试！"

这一次她想做出改变，她想尝试，她愿意孤身一人冒这场"险"。

（五）

时间：【大一第一学期】 10月21日 晚上18:25
地点：明德楼

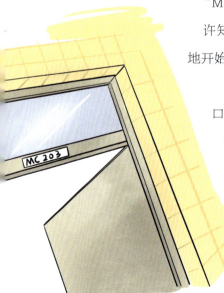

"MC203，没错，就是这里。"

许知星看着教室的门牌，手心不由自主地开始冒冷汗。

"同学，轮到你了，加油噢。"门口负责引导的师姐冲着许知星温柔地笑了笑。即便下了要做出改变的决心，但马上要面试的她，脑袋里闪过无数次想要立马调头就走的念头。她深呼吸，推开了门。

"师兄师姐好。"

"请坐,先自我介绍吧。"

"我叫许知星。我平时喜欢看看书。"许知星左手紧紧捏着右手大拇指,手心已经微微出汗,"我很希望在社团中锻炼自己各方面的能力,希望师兄师姐能录用我。"许知星不知道该说些什么,空气安静了几秒。

"你为什么加入我们社团?"师兄师姐打破空气中一丝丝尴尬。

"因为……因为我了解到贵社团氛围好,我想我在这里可以学到很多新的东西,交到新的朋友。我……我很想加入贵社团宣传部。我了解到宣传部需要有一定文笔基础的同学,我高中写过小说,所以我觉得我自己应该适合。"许知星的回答断

断续续,之前准备的答案完全被抛之脑后,回答的语序也开始变得乱乱的。她紧张得脚发软,幸好是坐在椅子上,不然能不能站稳都是问题。许知星心里庆幸着。

……

10分钟的面试也逐渐接近了尾声。

"你觉得你能通过今天的面试吗?"

"啊?"许知星被呛了一下,这个我该怎么说?说可以的话,会不会显得我太骄傲,说不可以会不会显得我太自卑……"我希望师兄师姐能给我这次机会,我十分重视这次的面试。"许知星下意识抿了抿嘴,她心脏快蹦出来了。

"好,那今天我们的面试就到此结束。"面试官笑了笑,"面试结果我们会以短信的方式通知你,谢谢。"

合上门,许知星松了一口气,手掌在衣服上蹭了几下,擦掉了手心的汗。她站在明德楼楼下,大口大口地深呼吸,刚才紧张的心才开始平复了些。等心跳恢复正常,手不再紧张到冰凉,她"滴"了一辆"小绿",骑着车从"夺命坡"飞驰下去,一路骑回宿舍。

初秋的晚风扑在脸上,头发被风撩起。入夜的操场上,月

○ 滴小绿：卡放在电桩上会有"滴——"的声音，故有滴小绿一说。学校随处可见的绿色单车，我们称之为"小绿"。使用校园卡便可获得"小绿"的使用权，自动扣费，方便快捷。

温馨提示：
道路千万条，安全第一条；
到站忘还车，钱包两行泪。

○ "夺命坡"是宿舍前往明德楼的大道。坡略陡且长，踩自行车上坡对于上课即将迟到的同学来说，是一大噩梦，而踩自行车下坡，则要大喊三声："让一下，我的'小绿'没有刹车！"

光透过树荫，许知星快速穿梭于光影之间，内心格外的清澈与平静，一次次克服恐惧做出的尝试与挑战，原来能让人如此心情舒畅。许知星不自觉地嘴角上扬，笑得自信了些。

（六）

时间：【大一第一学期】 11月7日 下午17:46
地点：宿舍

"玥玥，到时候我们的见面会，你陪我一起去吧，好不好咯。我一个人都不认识，怪尴尬的。"一收到聚餐通知，许知星就开始担心起来。

"哎呀没事的，那些人以后都是你的小伙伴啊。"

"可是我还是很紧张，我怕我说错话……"

"好吧，那如果我不忙，就陪你去。"

话音刚落，"哔——"谢逸玥的社团通知群就发来了消息。

"宝贝，我不能陪你去了。刚来通知，我们也在那天聚餐。"谢逸玥露出尴尬而又不失礼貌的微笑。"啊？枯了[①]！"许知星的最后一根"救命稻草"也没法救自己了。

许知星盯着微信的通知，想帮忙布置社团见面会，可是又

---

① 枯了：网络用语，谐音哭了。

觉得不好意思私聊师姐,害怕一群人中只有自己格格不入。呆愣了许久,许知星还是决定慢吞吞地踩着时间点,踩着那个最不引人注意的时间点去见面会。选择坐在不起眼角落里的许知星,除了一句简单的自我介绍,就再没有说过其他的话。她想,这时候要是谢逸玥在,她肯定是"嗨爆"全场的那个吧。谢逸玥她那么厉害,我什么时候才能像她一样啊。

(七)

时间:【大一第一学期】 11月22日 下午17:55
地点:第二食堂

"知星,最近社团工作怎么样了?"

"唉,我们部门的考核任务下来了,我也做了,可总感觉做得不够好。我太'南'了①!"许知星老爱叹气的毛病还是没改掉。

---

① 我太南了:网络用语,表示我太难了,后同。

"让我康康让我康康。"谢逸玥整个人粘了过去,"写得很好啊!"谢逸玥睁大她的眼睛,"知星,你的文采不错呀。像你写的这些,我憋半天都不知道能不能写出几句来。"

看着眼前夸着自己的谢逸玥,许知星嘴角微微上扬,故作开心。

"别老叹气啦!我妈说过,叹气会把福气都叹没了。相信自己啦,可以的!莫得问题①!"

"你自己应该准备得差不多了吧?"许知星可是看着谢逸玥每天晚上在楼梯口练习,总会有"尊敬的各位领导、老师,亲爱的同学们,……"传来。

---

① 莫得问题:网络用语,表示没有问题。

"宝贝,你的稿子也是熬夜写出来的呀,你不是说师兄师姐更希望看到你的努力吗?"谢逸玥语气放软,希望能给许知星更多的鼓励,"没事的,发过去吧!"

许知星抿了抿嘴,默默地点了点头。

考核截止日期最后20分钟,许知星盯着那个"发送"的按键,忐忑不安。

"交不交?还是得交,可是这种东西能见人吗?啊!!!"许知星内心已经在狂吼。那个"发送"键一直按不下去。

"最后两分钟了!!!啊!!"许知星猛然想起谢逸玥自信和洒脱的样子。"我还是交吧,玥玥也说,交了再说!"指针接近交稿时间,最后1分钟,许知星咬着牙点击了"发送"。看着上传的进度条达到顶端,窗口弹出"发送成功",许知星并没有感到轻松,她还是不放心,又打开了稿子,检查了一遍。

宿舍的人已经睡下,今晚灯光照亮的,依然是许知星的脸庞。

三天后,晚自习下课的路上,手机震了一下,许知

星从口袋里拿出手机。

考核通过名单！许知星心头一震，点进信息，翻看着excel表格。看到自己的名字之后，她仍反复确认。

"玥玥！我通过考核啦！"随即向谢逸玥发去信息。此刻的许知星走路都不由自主地蹦跶起来。

对于许知星来说，回复的内容已然不重要，重要的是，她们俩都在努力中不断成长。

（八）

时间：【大一第一学期】 11月29日 下午17:05
地点：海滩

跟晚秋的凉风最配的，莫过于阳光下的海滩。空气清爽不油腻，是最适合出游的季节。珠海的情侣路不负"约会圣地"的名头，沿线的海岸风光美不胜收。金黄的海沙，碧盈的海水[①]，还有在沙滩上玩疯了的谢逸玥。

"都！别！管！我！好不容易跟社团出门不是工作了，谁也别拦我，我要在这里待着，不回学校了！"

"逸玥别乱跑了，快点过来收拾野餐布。"

"这就来！"

收拾完野餐的工具，谢逸玥筋疲力尽地摊在沙滩上。大半个学期了，经历了

---

① 珠海地处珠江入海口西岸，受海洋洋流运动和地球转动的影响，泥沙惯性沉积，部分时候海水颜色略黄。但遇天气晴朗，上游降水排沙量较少时，海水呈现蓝绿色。珠海周边海岛的海水清澈湛蓝。

严肃的考核期,一个接着一个不断的工作,跟这群原本的"陌生人",也变得熟悉得不能再熟悉。

她是一个很自来熟的人,跟谁都能快速地成为好朋友。但是在大学这个快速扩张朋友圈的地方,认识的人越来越多,交心的人却越来越少。不同于高中,大学里,大家在一个班集体里面专注学习,大家都在为提升自己的见识、能力而努力,认识的人换了一波又一波,经手的事情越来越多,找时间坐下来好好谈心也变成了一件略为奢侈的事情。上了大学,同学们的心智更加成熟,更加清楚自己的目标,也都在为各自的梦想努力着……

点头之交很多,但是能约出来一起玩的,一时又想不起有谁,除了和自己一起长大的竹马洪毅。

想到这里,谢逸玥突如其来地有点惆怅,她伸了个懒腰,起身看着大海,眼神放空。跟高中的朋友们好像也止步于朋友圈点赞评论了……

"谢逸玥,你坐在那边干吗呢!不拍合照了是不是!"

……

谢逸玥猛地回神,想这些有的没的干什么,现在有一群人出来陪她玩,明天还要跟许知星出去看电影,伤感个锤子①。

"来啦来啦——我要站C位,C位是我的!"

……

"三!二!一!师兄帅不帅!"

"不——帅——!"

美好的回忆伴着笑靥定格,阳光下,是少年们永远灿烂的面庞。

---

① 锤子:网络用语,语气词,表达不满或否定。

（九）

时间：【大一第一学期】 12月3日 晚上22:59
地点：宿舍

许知星卡着门禁冲进了宿舍楼，深呼了一口气，又是忙得找不着北的一天。拎着刚刚开会时打包的糖水，许知星慢吞吞地开始爬楼梯，盘算着这几天做完的事情跟接下来的安排。"唉……事情好像越来越多了。"许知星抓了抓越来越少的头发，快步走向宿舍。

"我回来了——"

坐在书桌前收拾明天上课用到的书，许知星环顾了宿舍一圈，没有找到熟悉的人影。"玥玥去哪了？不会是没赶上门禁吧。"

"说是后天要主持一个大活动，现在楼梯口快马加鞭地练习着呢。"

是了，谢逸玥跟她说过的，最近接了一个大活动的主持。最近事情积压得太多，忙着忙着居然忘了。拍了拍快转不过来的脑子，许知星打开宣传部的通知群。

原来是同一个活动啊!爬上床,许知星看着通知微微出神。不知不觉就快一个学期了,习惯了快节奏的生活,大家好像都找到了自己在大学里的方向。

幸好当初去面试宣传部了!

许知星看了看时间,马上11点,寻思着谢逸玥怎么还不回来。自从社团的活动越来越多,师兄师姐交给她的任务越发重要后,好像很久都没有跟玥玥出去玩,聊聊天了。那等这次活动结束,约玥玥周末出去吃顿大餐吧!

吃什么呢,许知星想着想着,就打开了海底捞排号的公众号……

（十）

时间：【大一第一学期】 12月7日 晚上20:30
地点：体育文化综合馆

"摄影摄影，差一张全景图。"

"观众的特写记得补上。"

"文案好了，等图片出来就可以发。"

媒体席上，许知星看了看推文进度，松了一口气，第一次没有师兄师姐出来跟着做任务，幸好没出什么乱子。

后台准备间，谢逸玥悄悄探头看向坐在媒体席上忙活的

许知星。

"知星变了好多呀。"

当初那个连报名表都不敢交的女生,现在已经可以自己独立负责一个活动的新闻发布了。想到一会儿结束后的安排,谢逸玥收起了笑容,清了清嗓子,快速地再过了一遍结束词。

再不吃顿好的,她都要饿傻了!

……

"快乐的时光总是非常地短暂,不知不觉我们的活动已经到达尾声了……"

……

"图片!图片修好了,修好了!"

"赶紧上传,赶紧上传!"

"OK!搞定,就等主持人说到此结束了!"

电脑上的界面移至发送推文的最后一步扫码环节,许知星打开手机上的"扫一扫"等待活动的结束,看着舞台上光彩夺目,比刚入学时更加吸引眼球的谢逸玥,她放松地笑了。

不管有没有因为忙碌的生活而减少彼此的交流,她都非常感谢当初那个鼓励自己做出尝试的谢逸玥。尽管不在同一个社团,各自在为不同的事情忙碌,但是她们都在越变越好,在不同的道路上散发着自己的光芒。

"我宣布,第十四届×××到此圆满结束! 感谢各位嘉宾与同学的到来,请嘉宾移步台前合影留念……"

"扫码扫码……成功发送!"

(十一)

时间:【大一第一学期期末】 次年1月20日 早上5:30

地点:宿舍

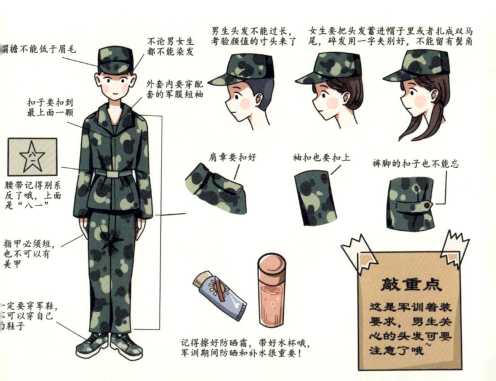

"五点半了！"郝雯缇的声音从床下传来，"快洗脸刷牙，不然迟到了。教官又要罚整个营上下蹲了！"

许知星眯着惺忪睡眼，看到郝雯缇已经穿戴整齐，在床下喊大家起床。

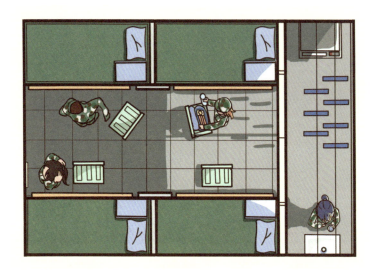

自从军训，520宿舍的四个女生就绷起了神经，生怕迟到受罚。

五点多的北理珠，天还没亮。一早就按时起床洗漱的郝雯缇和许知星已经出门，许知星拍拍单薄的军装，缩了缩脖子问："我们吃什么呀？"

"一饭吧，近一点。"郝雯缇抬起发光的手机，看了看时间。在每天起得比鸡早，睡得比狗晚，还要高强度训练的日子里，快即是王道！

第一天晚操结束后，她们瘫在椅子上，说起了各自营里的趣事。

"明天不是要检查仪容仪表吗！我今天路过理发店的时候，看到队伍都从门口排到了隔壁的糖水铺了，那男生一个个出来都顶着寸头，啧啧……检验颜值的时候到了！"

"今天我班里一男生还叫我帮他带片姨妈巾，说要垫鞋子，哈哈哈哈哈哈哈！"邱莳边说边笑到拍大腿。

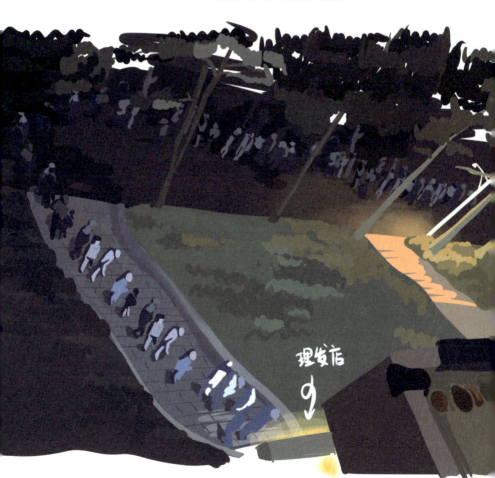

○ 水瓶也军训

许知星也捂嘴笑,看向谢逸玥,"我一想到头发就超羡慕你,我们每天得把头发藏进帽子里,训练的时候都害怕夹子夹不紧,头发散掉。你在女子花样队真好,扎双马尾,不用藏,又好看。"

谢逸玥得意地甩了一下双马尾,耍了几招花样队的动作,惹得大家笑声不断。每日的军营趣事分享会最是热闹,大家都聊得热火朝天,不想去洗澡了。

郝雯缇是反恐战术队的一员,不同于匕首队和长棍队,匕首是假道具,长棍也不重,她每天要训练举枪、跪地滑翔和匍匐前进,尽管膝盖磕得淤青,也得咬牙接着训练。苦中带甜的是每天晚操后的拉歌环节,一个个班在操场上并排坐着。你一首我一首的,对唱了起来,田径场上的音箱轰轰轰地没停过,每晚都上演燃爆全场的高歌battle。

"三营一连,一首《对面的女孩看过来》走起!"教官举着大喇叭喊。

"好!"同学们大声回应。

"三,二,一,起!"

"对面的女孩看过来,看过来,看过来……"

对面花样队的教官掏出插在腰间的大喇叭,对着他的崽子们喊:"一首《丑八怪》送给他们!"

就这样,军训虽苦,但也苦中作乐。倒数第二天晚上的告别仪式上,教官组织同学们坐下,用喇叭唱起了《夜空中最亮的星》,大家纷纷掏出偷偷揣在兜里的手机,在"星海"中一起合唱。

在学生军训汇演暨总结表彰大会上,也就是军训的最后一天,邱莳所在的八营迈着整齐矫健的步伐,喊着响亮押韵的口号经过主席台前,接受领导及嘉宾的检阅。检阅完毕,邱莳回到规定的位置观看接下来的表演,紧绷的弦终于放松了。

"快看快看!开始啦!"隔壁的同学兴奋地跟邱莳说,热血沸腾的背景音乐随之响起。

"这是什么队啊?也太整齐了吧!"

"拳术方队!好像还有个短棍队,他们也是整齐有力。来了来了,你看,他们'抄家伙'上来了!"

"匕首操的小姐姐们动作干净利索,简直A爆!"

"这些扎着麻花辫的plmm[①]又是什么队啊?"

"花样队啊,我来康康我室友谢逸玥在哪?"邱莳伸长脖子试图找出谢逸玥。

热情高昂的花样队表演完后,突然画风一变,响起了诡异的BGM[②]。

"这是恐怖袭击现场吗?哈哈哈哈!就差个五毛钱的特效

---

① plmm:网络用语,拼音首字母缩写——漂亮女孩。
② BGM:网络用语,背景音乐。

了。"正当剧情达到高潮,一群持枪的迷彩人以或翻筋斗或匍匐前进的方式出场了,上来就是一顿操作猛如虎,迅速将"敌人"制服。全场观众拍手叫好。

"这反恐战术队的表演太'燃'了!我的天啊!"

"快看快看,那个匍匐在前,持枪的女生是雯缇!也太酷了!"在场上表演的郝雯缇,听到观众的掌声更加卖力地表演,卡着节奏扳枪上弹,动作帅了观众一脸。

"这眼神这演技,我给她颁个'北理珠奥斯卡小金人'!"邱莳激动地鼓掌。

反恐战术队的郝雯缇在演出后和其他队员相拥成团,观众席传来的阵阵掌声,正是对他们最有力的肯定,不枉这半个月的辛苦训练。结束后,郝雯缇奔向了在操场角落等她的舍友们,一波"商业互吹"①后,自拍了起来……

---

① 商业互吹:网络用语,相互夸赞,表达对方想要听的东西,双方都很开心。

（十二）

时间：【大一第二学期】 次年2月25日 晚上22:30
地点：宿舍

"只有我一个人去上毛概课，也太孤独了吧！这学期我还要自己去上马原，太南了吧！"许知星欲哭无泪地看着自己的课表。可能许知星的人品全部用在了抢张龙老师的毛概课，原本宿舍四人约好一起上的马原课，只有她一个人被系统刷了下来。

上了大学，思想方面的升华当然必不可少。

谢逸玥环顾教室一周，拉着邱莳和郝雯缇坐到了边边的小角落。第一节课上，老师就直接开门见山地说："今年思政课吹来了改革的春风，我们马克思也要改革啦！这个学期我们将新增辩论赛，同学们要分好小组好好准备，其他课程任务要求请看PPT……"老师的话语像是一个惊雷丢进了海里，溅起巨大水花，本来鸦雀无声的教室瞬间炸开了锅，大家都在低头窃窃私语。

趴在桌子上的谢逸玥抬起头，"莳莳、雯缇，我们仨组队吧！"

"好呀好呀！"

不一会儿，郝雯缇就在微信群上找好了同学组队，负责招

○ 思政课一般分为实践考核及卷面考核。
思想道德修养与法律基础课鼓励学生组队投身公益活动；
中国近现代史纲课要求参观红色经典，学习红色精神；
马克思主义基本原理概论课新增辩论考核；
毛泽东思想和中国特色社会主义理论体系概论课则根据老师要求调研并汇报。

揽组员的郝雯缇自然被推荐成了组长。

"你知道吗？我听师兄师姐们说，以前思政课只需要外出调研和队友讨论拍照发朋友圈。"郝雯缇转头对邱莳说，"今年还加了一个辩论，我们也太南了吧！"

"每个人都要辩论吗！我现场发挥会很紧张噢！"邱莳蹙眉问道，脸上露出一丝担忧。

"对，不要怕啦！有我在，大佬①带你飞！让你感受一下躺赢的滋味！感觉辩论赛还挺好玩儿的，比起听课有趣多

---

① 大佬：网络用语，表达对一些较强的人钦佩和崇敬之意，后同。

了。"谢逸玥瞬间对思政课燃起了热情。

"同学们,各小组派个代表来抽辩题。"老师继续推进课堂说道。

拿到辩题那一刻,邱莳万万没有想到,纸上赫然写着"应不应该鼓励大学生谈恋爱",本来想着会是一本正经的题目,没想到竟然那么"接地气"?邱莳开始对思政课枯燥刻板的印象改观了。这个辩题……对于一个没有恋爱经验的人来说,自然是毫无头绪,最怕的就是连自己都是母胎solo,还要持应该鼓励谈恋爱的正方。但是这种辩题对于谢逸玥来说像是送分题——因为她在辩论上已经身经百战。虽是有个辩论大佬在队伍里,但是队伍成员都丝毫不敢轻敌,每天占据着学校食堂、咖啡厅,将自己搜到的资料互相交流分享,不断推翻自己的论点又重塑,找同学进行模辩,把每一个论点都吃透,力求做到最好。

在宿舍,谢逸玥、邱莳和郝雯缇仨人一旦凑齐就开始讨论辩题,选修毛概的许知星有时也探过头来一起"出谋划策"。自从她们开始上思政课,思政课也就成了520宿舍雷打不动的"槽点"。

"今天这朋友圈是怎么了?全是张龙!"

"这次毛概,张龙老师出题,听说难出新高度!"

"信龙哥,不挂科。"

"龙哥分分钟给你59分!哈哈哈哈哈哈!xswl[①]!"

[①] xswl:网络用语,拼音首字母缩写,笑死我了。

这时，门外传来钥匙声，许知星回来了。谢逸玥举着一瓶矿泉水冲到门口，"来来来，采访一下我们的当事人！"

"魔鬼！毛概群里都炸了！"

"看到张龙老师的朋友圈，我觉得我毛概要凉凉了。"

"赶紧去转发张龙老师吧！哈哈哈哈哈！"

"来来来，我给您'科普'一下他。在北理珠，人称'人脸识别'，专治逃课代课，出了名的严厉，课程任务不认真完成，谁都逃不过他的火眼金睛，分分钟59分！"

"我也想选！思政课改革后，有趣多了！这不我们的马原课也好玩多了。"郝雯缇露出一脸马克思主义乖巧的笑容。

"嘻，听说他的毛概课很抢手，慕名而去的超级多！"

……

比赛那天，大家都胸有成竹——唯独邱苛。在邱苛紧张地

想去今天第五次厕所的时候,郝雯缇轻轻地拉住了她,将一张手卡轻轻塞进了邱苟手心——"你是最胖的①!加油!"。

那一刻仿佛有股暖流涌上心头,微妙的变化让邱苟暂时忘却了紧张,在接下来的唇枪舌剑中,邱苟仿佛开启了"机关枪"模式,字字有力,句句在理,将对方堵得哑口无言。

"今天这组的最佳辩手是——邱苟。"听到老师的话,邱苟颇有种不是现实的感觉。她做到了!因为那场马原辩论,成功地颠覆了郝雯缇和邱苟对思政课的印象。原以为无趣乏味,只需混混学分的思修课,后来变成了一节能跟专业课比重的课程。课堂氛围生动有趣,老师结合时事,用独特的见解让这些折磨人的理论鲜活了起来,前排听课、认真完成任务,已经成了她们的家常便饭。

---

① 你是最胖的:网络用语,你是最棒的。

第三章
沉淀 Accumulation

○ 全家福

（十三）

时间：【大三第一学期】 12月15日 下午15:20
地点：体育文化综合馆

  站在体育文化综合馆音乐厅的舞台上，谢逸玥有些恍惚。直到聚光灯照着她的眼睛，晃得她看不清台下的观众席，她才

○ 每年的暑期社会实践是每位大二升大三的学子暑假时必修的一门课。2019年，暑期社会实践活动经费投入30余万元，为历年之最。2019年，北理珠暑假社会实践接连斩获29项国省级大奖，其中首次获得全国"最佳实践大学"荣誉称号，全国仅上海交通大学、浙江大学等10所高校获此荣誉，北理珠也是全国唯一一所荣膺此奖项的独立学院。

真切地感觉到：这一切不是一场梦。

  回忆就像走马灯，那些为了此时此刻而付出的所有努力和汗水悉数在脑海中浮现。眼泪就像啤酒上的泡沫般涌上，却又虚张声势地退了去。 谢逸玥想起了很多。暑期社会实践从筹划到自己代表整个团队站在领奖台上，花了快半年的时间。整个团队利用暑假的时间跑到大理实地调研。一起走访，微信步数全都排到了前十；一起码稿，几万字的文稿删了写，改了又改；一起熬夜，一晚上外卖小哥都上门好几次……在大理的那些天，辛苦也快乐。在招募队友的时候，大家也一口答应，各施其技。即使大家那时候还有许多事情需要忙，但也没有出现抱大腿或者中途退出的情况。"刚组队的时候，我和洪毅才结束上一场比赛来着。"谢逸玥心想。

（十四）

时间：【大二第二学期】 4月20日 中午11:55
地点：第三食堂

○ 北理珠学子每个学期都会有很多各式各样的比赛机会，比赛规模小到院级，大到国家级，甚至会参加国际级别的比赛。学校的重大活动、比赛一般聚集在下学期，各大活动赛事所归属的社团会安排同学在每个食堂门口派发传单、竖立海报，吸引学生参与。个别获奖奖励可兑换素质拓展学分，注意：各个学院素质拓展学分要求不同，但只有达到对应要求的素质拓展学分才可毕业喔。

中午下课，刚走到三饭，谢逸玥看到食堂门口很是热闹，心想："应该又有什么比赛或者活动了吧。"谢逸玥仅仅只是将视线在海报上停留了一下，立刻就被穿着马甲的同学精准捕捉，马上拿着一张大大的海报，靠近谢逸玥，"同学，参加比赛吗？了解一下？有丰厚的奖金噢！"

"嗯？我看看？"谢逸玥接过报名表，这时，她的手机震动了一下，原来是洪毅发来了信息："比赛，差俩，来？"

"啥比赛？"

"策划书。"

"嗯？"谢逸玥仔细看了看报名表上比赛的名字，接着在手机上敲字，"巧了，我在三饭也看到一个策划书比赛。"

"就那个。"

"可！"谢逸玥爽快回复，"我拉一个认识的大佬，他的策划书得过奖！"

一般来说，这种校级的比赛，参赛的队伍会很多，竞争激烈。与此相应，参赛的同学也能从中学习到更多。比赛时间紧迫，连同谢逸玥一起的六人团队开始紧锣密鼓地准备。洪毅作为队长，发扬着他雷厉风行的做事风格，组织开会讨论，任务分配到人，每日跟进进度……虽然如此，但总有些小意外，比如说谢逸玥拉进来的那位大佬，基本没有在团队的讨论群里出现过。

"对不起！我错了！没想到他会这样，害你们每天加班！"谢逸玥内心充满愧疚，因为这个大佬缺席，甚至后面他

直接退出了团队,导致全体队友陪着一起熬夜。

"没事没事,我快搞定了!"

"嗐!大家一起熬呗,也不是你的问题。"

"反正我明天没早课,本来也会晚点睡。"

群里,队友们的一言一语满是理解,让本以为会被劈头盖脸一顿骂的谢逸玥有些感动。

手机又震动了一下,是洪毅发来的私信:"你先好好修改你的那块吧,你的可行性分析写的也是要大改特改。"语气还是那样"性冷淡"[①]。

谢逸玥汗颜,她也是加班到凌晨1点多,边上网查资料边

---

① 性冷淡:网络用语,文中指比较冷漠,语气平平淡淡。

写的呀！谢逸玥委屈了好一会儿，洪毅又补来一句："看得出，你下了不少功夫，但你的实例结合得太少，别人不好理解，也缺少说服力。"谢逸玥嘟着嘴，一边心想"说点好话会死啊？"一边发了个表情包作为回复，想让洪毅不要继续"教育"自己。放下手机，谢逸玥将椅子往前拉，腰板挺直了坐在桌前，继续修改策划书的内容。即使出了"意外"，问题也总要解决。今晚整个团队需要将策划书按照指导老师的建议全部修改完毕，不然就来不及让老师再看一遍，给出进一步的修改方案。

第二天，洪毅6点40就起了床，第一时间打开老师的对话框，里面密密麻麻的，都是老师发来的60秒语音。洪毅一边戴上耳机，一条一条地听，一边往教室走去。

（十五）

时间：【大二第二学期】 5月9日 晚上18:05
地点：图书馆报告厅

比赛当天，大家一早就到了图书馆报告厅准备。洪毅在签到处抽签，谢逸玥在往脚上套高跟鞋时，眼睛忍不住往评委席瞟。

"在看什么？我们第五个上。"洪毅拍了拍谢逸玥的肩。

"哇!吓死我了。"谢逸玥猛地回头,夸张地拍了拍胸口,"今天的评委都是好厉害的老师,还来了几个校外企业的嘉宾,搞得我好紧张。"

"又不是你上台。"洪毅忍不住白了她一眼。

现场,各个组都陆续到了,有许多来旁观的学生,还有队伍的"亲友团"。一些团队准备了KT提示板,有些团队还在紧张地背演讲词……随着比赛进行,现场气氛逐渐焦灼。洪毅完成演讲,下台,看似云淡风轻地回到位置上。其实,他紧张而出的汗,早已经将他的刘海打湿。这次的准备没有洪毅想象中充分,评委的问题击中要害,应对起来还是相当吃力的。队友在台下,也紧张到冒汗,眼睛死死地盯着台上,心脏疯狂跳动,更何况在台上的洪毅。

当得知拿到第二名，谢逸玥激动地立马冲上了舞台领奖，洪毅和队友都没来得及按住躁动的她。比赛结束，走出图书馆报告厅的时候，已经是晚上9点多，路过篮球场还能听见同学们打球时的呼喊声。队员们都筋疲力尽，大家一致表示庆功宴明天再说。谢逸玥拖踏着高跟鞋与洪毅走在最后头，"这次出了意外还能拿到第二名，估计是你的演讲分数救了场。"说着，她抬头看了看夜空，"和你比赛，每次都能学到点东西。这次是，上次数学建模比赛[①]的时候也是。"

"怎么突然那么谦虚？"洪毅挑高了眉，看了一眼谢逸玥。上次数学建模比赛把他们"折磨"得够呛，比起这次的小波折，数学建模所经历的，更加考验人的毅力和忍耐力。

"所以，为了向哥继续学习，暑期社会实践也一起吧！"谢逸玥又打起洪毅的主意，"不如，这次叫上我舍友？她们会写稿，会拍照，算账管钱什么的都很靠谱哦！"

"好。"惜字如金.jpg。[②]

"那我现在就去跟她们说哈！"谢逸玥马上掏出手机敲字："姐妹们！暑期社会实践约吗？"

[①] 美国大学生数学建模竞赛（MCM）和"高教社杯"全国大学生数学建模竞赛分别于寒假及暑假进行，是我校的重大比赛之一。比赛队伍由三人组成，不仅要求参赛选手具有扎实的数学基础知识、娴熟的计算机应用技能和过硬的论文写作功底，还需具有良好的团队协作意识。三天三夜或者四天四夜的比赛，最终都归为一句话："一次建模，终身受益。"

历年，北理珠在数学建模竞赛中荣获142项国际奖项，其中13项国际一等奖，146项国家及省级奖项，其中包含16项国家级二等奖，远超省内同类院校。2021年美国大学生数学建模竞赛，我校荣获1项国际一等奖和10项国际二等奖。

[②] 惜字如金.jpg：网络用语，jpg原指电脑中储存图片一种格式，后表示像是表情包的可爱用法。

○ 图书馆总馆三楼电子阅览室，北理珠学子积极备赛数学建模竞赛。

（十六）

时间：【大二第二学期】 4月20日 晚上22:30

地点：宿舍

"妈呀！我们班下个月又要体测，还是要跑800米！"

"啊？多少秒及格来着？"

"体育课上考吗？"

"好像还有50米。"

听到体测的消息，宿舍炸开了锅，上次在不及格边缘的谢逸玥更是像热锅上的蚂蚁，急忙向邱莳求助。

"当年，邱飞人的身姿，我还历历在目！说时迟那时快，邱飞人如矫兔般飞离起点，匀速向前奔跑，又似利剑般冲向终点！！"谢逸玥突然站起来，声情并茂地讲了一段书。

在大一下学期的校运会，邱莳可是在女子800米项目中破了校纪录。就在郝雯缇、谢逸玥和许知星一起在草坪上帮着刚跑完的邱莳揉腿的时候，广播传来了邱莳获得女子800米冠军的喜讯。邱莳汗湿的脸上，即使稍显疲惫也掩不住夺冠的兴奋。"莳莳，听听听，你破纪录啦！"那三个小姐妹感觉比自己夺冠还激动。于是"邱飞人"这个外号就在宿舍流芳一时。这不，一年一度的体测，大家马上抱紧了"邱飞人"的大腿。

○ 运动会分为院运会及校运会。院运会由各学院联合轮办，主要对象为大一新生；校运会在院运会之后，主要对象为各学院的运动健儿及老师。

"行啦行啦！停停停！！！"邱苛赶紧按住躁动的谢逸玥，"上次喊你练，是谁说跑步太累人，不想练来着？"邱苛眼珠打转，嘚瑟地说道，"不过明天开始老老实实地跟着本小姐跑，也是可以捞个及格滴①！"

"啊！！！救命啊！！！太南②了吧！"谢逸玥哀号，这个精力旺盛的party girl，万万想不到跑步是她为数不多的弱点。

"邱飞人，也顺便捞捞我③吧。"许知星和郝雯缇双双转头盯向邱苛。

"好哇，一起呗！"谢逸玥没等邱苛回答，先一步抢了话头。怎么可以就自己一个被邱苛"折磨"呢！

于是四个女生就约上了跑步局，开启了每天"全副武装"的夜跑模式。

夜跑打卡的第一天，谢逸玥一边学着邱苛拉伸小腿，一边四处张望，"原来操场晚上跑步的人那么多，龙狮竟然也在这里练，还有双节棍协会的！"

"你以为都像你一样啊，天天约消夜糖水都不运动，最重要还吃不胖！！！"邱苛弯腰把鞋带系紧，"走吧，开始啦。"说完，她便朝跑道小跑过去，和许知星、郝雯缇一起加入了夜跑大军的行列中。谢逸玥拖着双腿，内心十万个不愿意地跟了上去。操场的大灯照亮了跑道，跑步的同学都绕着操场一圈圈地跑，草坪有围坐在一起弹吉他的男男女女，有情侣依靠在一

---

① 滴：网络用语，同"的"。
② 南：网络用语，同"难"。
③ 捞捞我：网络用语，类似于帮帮我、带带我、救救我的意思。

起，还有社团在草坪的一角跳着舞……

"哎哟！"第二天早上，谢逸玥从床上下来的时候因疼痛发出呻吟。

"我大腿超酸痛！"在阳台刷牙的郝雯缇探出头来抱怨道。

谢逸玥一拐一拐地从宿舍走到阳台，"你看我，我怕不是北理珠十级保护动物了。"

"我今天有明德楼五楼的课。我待会下楼都觉得难，更别说爬上五楼了。"许知星打开手机看了看自己的课程表。

"我今晚还要改比赛的策划书，洪毅上课的时候死亡凝视我。"谢逸玥也从阳台探出头，可怜巴巴的眼神投向邱莳，"亲爱的莳莳呀，今晚不如……"

"喷喷喷,你们这群菜鸡①。本来还打算约你们去羽毛球馆打球。"邱莳挑了挑眉,"算了,明晚继续,今晚就先放你们一马。"

"臣！遵旨！啊！"谢逸玥听到,兴奋地蹦了一下,酸痛的大腿马上提醒她不能过于激动。

就这样,跑步局的夜晚,抱怨酸痛的早晨,一直维持到了体测结束。

（十七）

时间：【大二第二学期】 5月18日 晚上22:30
地点：宿舍

谢逸玥成绩一出来,马上就po②上了宿舍群。

"姐妹们！我高分飞过！就问你们牛不牛！"

"邱飞人牛掰③！"

"宝贝们,今晚继续吗？"邱莳调侃道。

"emmmmm,这个,容朕再考虑考虑。"谢逸玥装模作样地吊胃口,"今晚嘛……也不是不可以。"

---

① 菜鸡：网络用语,是从"菜鸟"一词发展而来,用来形容水平不佳的人,多用于好友之间的玩笑话中。
② po：网络用语,post的缩写,意思是上传。
③ 牛掰：网络用语,很厉害的样子。

谢逸玥本来对跑步这种运动是拒绝的，但跑了那么些天，也开始体会到跑步的乐趣。因为跑起来的时候，夹杂着淡淡香甜气息的凉风扑面而来，丝丝渗入身体的每一个细胞，连混沌的脑袋，也被洗涤得一干二净。她开始喜欢，在安静的夜晚，沿着操场最外围的跑道，塞着耳机，逐影而跑，挥汗如雨。

"暑期社会实践，你确定好要一起吗？雯雯和知星已经确定了。"谢逸玥话锋一转，"去的话，要开始着手准备材料了喔。洪毅催我去了解上报立项，向学校申请资金。指导老师我找好了，她超级温柔的。还有……"

"对了！"邱蒔突然想起一件事，打断了谢逸玥在群里的滔滔不绝，"上次不是还需要一个会航拍的人吗？我朋友叫沈

○ 每到晚上，操场必是人满为患，不仅能看到北理珠学子的运动风采，还能顺便品一品跑道上牵手散步的"狗粮"。

第三章 沉淀 Accumulation

天佑，他会，也有器材，要不拉他进群？"

"可！这种人才，不可以放过他！"谢逸玥一听，眼睛都亮了。

邱苘切换到与沈天佑的聊天页面，"沈公子，暑期社会实践需要你的支援，要一起吗？"

"好啊，有什么需要喊我。"

（十八）

时间：【大二第二学期】 5月18日 早上9:30
地点：天佑楼

"沈公子，下课回宿舍开黑？"离下课还有9分钟，沈天佑的室友就已经蠢蠢欲动了。

"不了，还要去训练。"沈天佑认真听课做笔记，头也不抬地答道。

"不就是个社团嘛？唉，你之前比赛的时候都快住在那儿了，大学快一半的时间你都泡在航模里，该拿的奖也拿了……"

"铃——"下课铃响了，班里的同学在下一秒冲出教室，三三两两回宿舍或者出去玩。沈天佑收拾好书包，逆着人流，往工作室走去。

拿出钥匙、开门、放下书包、打开音响、找今天训练的机

子，一连串的惯性动作，在看到桌上的证书时，顿住了手。那是去年在浙江海宁拿下的荣誉，这不仅是一张薄薄的奖状，团队背负的期待和付出的汗水让这张奖状有"千金"的分量。想要获得CADC[①]全国总决赛的入场券，并没有想象中简单。往年，若是一个分站赛失利可以转战其他分站赛继续比赛，有多次进入决赛的机会。而今年，规则作出更改，队伍在一个分站赛失利，不得再转战其他分站赛，意味着止步该年赛季。[②]

在南京分站赛时，沈天佑所在的团队第一轮成绩落后，沈

---

① CADC：中国国际飞行器设计挑战赛（CADC）暨科研类全国航空航天模型锦标赛，是目前国内水平最高、等级最高、规模最大的科研类航空航天模型赛事。与欧洲ACC竞赛和美国SAE竞赛并称为世界三大高校科研类航空航天模型赛事，竞争异常激烈。

② 以官方最新比赛规则为准。

天佑和他的队员抗住打击，在间歇期间调整心态，分析故障原因，作出修整，沉着应对第二轮，并凭借强劲的技术，一举夺得团体第一，南京分站赛的水火箭也因此"一战成名"。

历年，北理珠在CADC比赛中荣获40余项奖项。2019年总决赛中，模型水火箭助推航天器项目获得一等奖及单项团体第一名，对地侦查与打击项目、电动滑翔机项目获得二等奖，垂直起降项目获得三等奖。

沈天佑回想起当初自己与飞行员考核失之交臂，在填写志愿时，依然选择了北理珠的航空学院，继续自己对航空文化的喜爱。刚入学时，师兄师姐就带他们参观了民航交通运输综合实训室，民用无人机技术实验室……各种实验室，沈天佑还记

○ 精工楼基础工程实训中心

○ 物理化学实验室

○ 华为ICT人才培养创新实验室

得参观时的欣喜与激动，内心的航空梦有了更加清晰的轮廓。参观结束后，前辈们还带着大家一起在天佑楼门前与大飞机合影。之后的"百团大战"中，他也遵循自己的喜好，选择了校级社团的摄影部，当然还有航模队。

摄影部的活动不多，大家不会经常凑在一起，只与一个叫邱莳的女孩子成了好朋友。校运会时那个创800米新纪录的邱

○ 物理化学实验室

莳，个性可爱爽朗，与自己十分合拍。依照她的话说，不做朋友可惜了。至于航模队，就像是亲人一般的存在。第一次的见面会，节假日永不缺席的小礼物，军训的炫酷慰问……一点一滴加深了沈天佑与航模队的羁绊。加入航模队，走上这条路，沈天佑并不后悔，即使占用了大部分的课余时间，可他过得充实，认识了许多牛人，交到要好的朋友。参加CADC的时候，大家一起研究，为了同一个目标奋斗的样子，沈天佑很是喜欢。还记得上一年轰趴[①]时，喝得大醉的185魁梧大汉的队长，带着哭声跟他说，希望在自己毕业之前，能够看到航模队拿一次CADC总冠军。今年，沈天佑大二，队长大四了，终于如愿，"模型水火箭运载航天器"不负众望，一举夺得CADC总决赛团体冠军。

---

① 轰趴：网络用语，指室内聚会或室内派对。

晚上23:10

校道上的灯火照亮三三两两赶着门禁的学生。沈天佑习惯性扫了地,将工作室收拾干净。在锁门之前,收到邱莳发来的信息,问他要不要组队参加暑期社会实践。沈天佑顿了顿手,便发了句"好啊,有什么需要喊我"。回复邱莳后,转身锁门,背上书包离开了工作室。走到怡园,碰到在弘毅楼刚结束实验的舍友,两个人相互看了看,默契地并排慢慢走回宿舍。

"今天又那么晚?还没结束吗?"

"没办法啦,都泡了一天实验室了,我的课题还没做完,还以为今天可以跑胶[①]……"

"哎哎哎!别跟我说,你们材院的专有名词,说了我也听不懂。"

"行啦行啦,糖水吗?去满意?"

"走吧。"

(十九)

时间:【大二第二学期暑假】 7月4日 早上7:00
地点:云南大理

"起床啦!"郝雯缇叉着腰,将还在被窝里的组员们一个

[①] 跑胶:指的是在生物实验中常用的生物分离方法——凝胶电泳。

个喊醒。

"好啦好啦，知道啦！再睡5分钟。"谢逸玥和许知星将被子拽得更紧了。

暑期社会实践一行人昨晚8点多才到达云南大理。一顿车马奔波，所有人都累得趴在床上，只想好好"融化"在民宿的床里，不想动弹。

郝雯缇叹了口气，"赶紧起了，洪毅和沈公子都在等你们几个了！社会实践还做不做啦！"

"啊！起啦起啦！"

暑期社会实践的第一天，就在所有人的睡眠不足和哀号中拉开序幕。

在大理的几天，淅淅细雨。一行人走在群山环绕的大理古城，走进大理非物质文化遗产博物馆——蒋公祠。团队全体成员参观学习，了解大理非物质文化遗产项目的历史与发展。接连几天采访扎染工作室、博物馆。沿着古朴的乡间小道，闻着淡淡的板蓝根香，扎染匠人热情地出门迎接。伴着茶香，匠人徐徐向他们讲述扎染的历史渊源，展示扎染的制作过程……郝雯缇了解到制作扎染工艺品需要严格按照16道工序进行，不禁感叹："每道工序都认真对待，才能制作出一件花纹随机、独一无二的作品。"

"原来这就是人人称赞的匠人精神。"谢逸玥冷不丁来了一句。

"你倒是有感而发啊！"洪毅吐槽道。

旁边的许知星一边录着音,一边在心里默默想到,书中所说"我一生渴望被人收藏好,妥善安放,细心保存",对于这样精彩绝伦的扎染艺术品也不过如此吧。

邱莳心思的细腻,从摄影风格上就能看出一二。她努力想要展现扎染原有的样貌。第一天的时候,她就对沈天佑说:"这么好的技术无法流传,就真的可惜了。我一定要用摄影保留下来,它原本的模样值得被更多人看到。"

素材堆积如山,沈天佑和邱莳每天回到民宿就是剪视频和修照片;许知星打开她的录音文件,将录音一遍一遍地听;郝雯缇将买来的水果洗干净,放在桌上,打开备忘录,核算着一天的开销;洪毅和谢逸玥正与老师沟通讨论,还要联系各方负

责人，保证第二天的计划可以顺利按照进度进行……

视频剪得不太顺利，稿子不尽人意，开销差一点就要超过预算，某些负责人突然的"为难"……种种意外的降临，并没有让团队因此不和。大家都不约而同深呼吸，耐着性子将所有"意外"捋平。短短的暑期社会实践，受益匪浅。谢逸玥那时候就感受到：或许日后还有机会去那个美丽的大理，但是那年盛夏的调研活动将在记忆中无法搁浅。

"当时，匠人们对我们说，'非遗靠传承，传承靠人，尤其是年轻人。'我们也了解白族扎染是中国古老的民间工艺，是中国传统文化的瑰宝，在两千年的历史进程中曾经无比辉煌，虽经历了被冷落、淡忘，但它仍然蕴藏着无限的生命力。它在现代时装设计中别开生面，独树一帜，并以其特有的魅力

○ 每一张合照都记录着一个个值得回忆的故事

进入现代生活，适应着人们对个性化品位的追求。以上是我们的暑期社会实践分享，谢谢大家。"谢逸玥的演讲结束，在一片掌声中，她深深地向台下鞠了个躬。

颁奖典礼结束，所有人起身离场，谢逸玥盯着手上的奖状出神。今后这群伙伴也要各奔东西了，不禁有些落寞。郝雯缇早就开始准备她的考试，考研、教资、雅思一起考，把自己的未来规划得明明白白。许知星之前也告诉她，自己正考虑考研的事情。邱莳已经决定去当笔译，洪毅早就投了简历准备实习，沈天佑也要去广州工作，而她自己也已经在物色德国的学校，准备出国留学……各忙各的，何时才能再聚在一起？

"怎么了？"洪毅看到谢逸玥呆在那里许久。

"没……"

"离别是人生的必修课，不用太过伤感。"洪毅像是看穿了她的想法。

"我知道。"

"但,还会再见的,不用担心。"语气轻柔,像羽毛一样,轻轻盖在了谢逸玥的心。

谢逸玥深吸一口气,"走!我们出去吃好吃的!"谢逸玥又变回了那个躁动的她。

"海底捞?"

"走!!!"

(二十)

时间:【大四第一学期】 9月20日 下午15:50
地点:图书馆

"知星,国庆我们打算去旅游,你要一起吗?"

"不了,我要泡图书馆,你们玩得开心哦。"许知星拒绝了高中伙伴的邀请,放下手机,叹了口气。上次出门"旅游",还是参加暑期社会实践那次。许知星决定考研的时候,已经是接近大三暑假。此前,她游走在各种各样的辅导机构宣讲会,面对一张张宣传单,内心焦虑又举棋不定。

"考研吗?考得上吗?像我这种资质的学生,到底行不行啊。考的话,要报一个补习班吗?如果考不上,不就都白费了?时间和钱都浪费了?"她每天陷入自我怀疑之中。直到她的辅导员认真地看着她的眼睛问:"你是不是想继续在自己的专业领域中走得更远一些?如果是,那就继续读吧!不做让自己后悔的决定就可以了!"一番话,让纠结了大半年的许知星一咬牙,决定踏上考研的征程。

520宿舍的另外一位女生——郝雯缇,早已坚定自己继续修读的决心,她不单是考研,甚至考教资,考雅思,三管齐下。郝雯缇从很早之前就已经拟订好了复习计划,按部就班地进行着。她特地买了自己喜欢的电子钟放在书桌上,在桌前贴上日历,上面圈圈点点,都是已经安排好的计划。

"今天好像比较早就完成任务了,那多背10个单词就去看一会我喜欢的综艺好啦!"凭借着早准备的优势和高度自律的生活习惯,她的学习节奏可以说令许知星羡慕不已。

（二十一）

时间：【大四第一学期】 11月13日　上午6:30
地点：宿舍

全国硕士研究生统一招生考试一般在每年的12月下旬，进入大四上学期后半段，两位考生结束了前面优哉优哉的复习态度，开始更加认真地对待考试。每天早上六点半的闹铃轻轻响起，下一秒就被郝雯缇一下按掉，她轻手轻脚地下床、更衣、洗漱，背起鼓鼓的书包就下楼了。

宿舍门轻轻被关上，许知星好像听到了门锁"咔嗒"的声响，挣扎着抬起一边眼皮，眯成一条缝。"几点了？"她伸手在枕边摸索，拿起手机看了看时间，"6点45，雯雯也太早了吧。"挣扎了一下，想起床的许知星在汹涌的睡意中败下阵来，她将被子裹得更紧了，"就再睡一小时！""滴滴滴、滴滴滴……"许知星的手机铃声再次响起，她皱起眉头，再次伸手按下手机的闹钟，眯着眼睛与自己内心谈判。

"再睡5分钟也是可以的嘛！"

"不可以！起床了！再晚自习室可能就没位置了！"

没有抢到图书馆预约位置的许知星会去宿舍楼架空层的自习室，如果去晚了会连位置都没有。理智最终打败懒惰，许知星一把将棉被掀开，慢悠悠地下床。

○ 图书馆一楼

　　图书馆六、七楼设有考研、考证自习室；图书馆三楼设有多媒体阅览室，供大家上网查阅资料。此外，多栋宿舍楼架空层也设有图书馆分馆及自习室，照顾懒得走动的"宝宝"。

　　时间其实还很早，没有课也没有考试的舍友们还在呼呼大睡，安静的早晨响起第二次520宿舍门被带上的声音。

　　"咔嗒！"

　　"啊！"许知星不知道第几次从失去意识的状态中醒来，耳机里播放的老师讲课的音频又逐渐传进脑子里。许知星看了看正在计时的手机，"原来已经听了两个小时的网课了。"许知星揉了揉眼睛，一抬头，没看到一直坐在隔着两张桌子的郝雯缇，才觉得奇怪，又想起她今天去上学院安排给考研的同学的免费辅导课。许知星深吸一口气，"出去外面背书吧，可以清醒一点。"

"The when we use the word love"…许知星在校道上一边踱来踱去，一边念念有词。路灯温柔的橘黄色灯光投在资料和许知星的脸上。"哈——"许知星叹了一口气，可以哈出雾气。来来往往的学生不算太多，许知星一开始还怕有人看到自己背书会投来异样的眼光，结果大家都习以为常地路过了许知星。许知星回头，看到后面的几个路灯下也站着几个捧着资料背书的同学。看到别人还在奋力，她打消了回自习室休息的念头。

"Take an example to illustrate the power of love. We should"…

"It is my view that the best way to show love is"…

许知星已经睡下了，这个夜猫子盖上被子闷头大睡，而郝雯缇却少有地还清醒着，家里亲戚和同学的一些声音让郝雯缇有些困扰。

质疑与负面的声音此起彼伏，萦绕着复习到瓶颈的郝雯缇。她怔怔地盯着黑暗中的天花板，鼻子有些发酸。"没事的！努力过比根本不敢努力的人，好太多！"郝雯缇转身，决定不再想那么多。反正明天闹钟一响起，她依旧会起床走向自习室，为自己的决定继续努力。

第二天，邱莳因为要出门练车，比两位考生还早离开宿

舍。郝雯缇一下床,就看见自己的桌上和许知星桌上各多了一瓶维他奶,还贴着一张可爱的便利贴,上面是邱莳和谢逸玥秀气的字迹:"早呀,我们的小天使,今天也要加油!只要不辜负前面的努力,继续往前走就可以了!我们永远在你身后支持你。"看着这张小小的便利贴,郝雯缇的心像是被柔软的羽绒被包裹,瞬间温热的泪模糊了视线。幸好,成长的路上,还有人能懂你,能支持你。这个冬天,也不算太难熬。郝雯缇珍重地将便利贴夹在自己的日程本里,爽快利落地抄起厚重的资料书,再次坚定地离开宿舍,向自习室走去。

第四章
回顾 Retrospect

（二十二）

时间：【大四第一学期】 11月13日 晚上20:06
地点：宿舍

"北理工南门到了，下车的乘客请从后门下车。"正值20:06，一身黑的洪毅压了压头上的黑色鸭舌帽，跟随人群下了69路公交。

近一学期的两点一线，洪毅早已习惯了早出晚归的实习生活，一成不变的路线，熟悉的南门，熟悉的T字路口，熟悉的北理南苑……

"毅哥，厉害呀！"手机一震，微信窗口弹出一条通知。得知洪毅获得"优秀学生标兵"[1]的谢逸玥发来贺电："大四了，该拿的奖都拿到了，国奖[2]、光大[3]、十榜[4]、优秀学生标

---

[1] 优秀学生标兵：用于鼓励具有榜样示范作用的学生而颁发的校级荣誉称号。
[2] 国奖：国家奖学金，由中央政府出资设立，用于奖励全日制本专科学生中特别优秀的学生，奖励标准为8000元/（人·学年）。
[3] 光大：校园光大奖学金，奖励标准为 10000元/（人·学年），每学年按在校生人数1/1000～5/1000安排奖励名额。
[4] 十榜："榜样在身边"校园十榜人物（团体），奖励标准为2000～5000元/人（队）；

○ 靠近生活区的南门

从南门左拐过马路可到宁堂村[1]，往右走则是北京师范大学珠海校区。除了东门对面的唐家湾公交站，南门附近也设有公交站，方便学生出行。悄没声儿告诉你，在南门搭70路公交车可前往奥园广场[2]。

兵大满贯呀！"

洪毅面无表情地回复了一个龇牙笑，便划掉了两人的聊天框。即使到了大四，洪毅仍旧一副生人勿近的样子，但是比起大一略显中二[3]的模样，现在的洪毅更多的是沉稳、冷静。

大学伊始，人们总是设想着未来的生活场景，憧憬着未来长成的样子。一复一年，每年都在同学和朋友们的欢声笑语和

---

[1] 宁堂村：当年各社团部门、班级聚餐，知己好友畅饮，几乎会选在宁堂食街。每到周末，各餐厅都座无虚席。2016年年底食街拆除，宁堂街道的盛景，一去不复返。自此之后，只剩村内为数不多的餐食小店，还有翻新修葺后的小公寓，但由于路途相对遥远，宁堂热度大减。

[2] 奥园广场购物中心：距离学校最近的大型综合商业体，是周末逛街、吃饭、看电影的好去处。

[3] 中二：网络用语，指那些自我意识过盛、狂妄，又觉得不被理解、自觉不幸的人。

陪伴中长大。一路走来，有得有失，欢喜的是收获了不少的荣誉和成长，不舍的是终究要离开这个不必有过多顾虑的温床，离开大学这座象牙塔，终究要在不舍中长大，接受社会的考验。

四下无人的绿荫小道上，洪毅突然想起了前几天在微博里刷到的话题——大学必须做的100件事，不禁思考着这三年多来的得失。从社团纳新开始，洪毅便带有目的性地加入社团，并积极主动地肩负起各大活动的工作重任，有意识地锻炼自己的能力。三年间，他宛如一个比赛机器，但凡能报名的比赛，现场必定能瞧见他的身影。"洪毅简直就是个刷奖大佬，只要他愿意参加，拿奖便是分分钟的事情。"这是周围同学对他的评价。

洪毅想到大一自己惨不忍睹的比赛经历，依旧牙疼地扯了扯嘴角。面对大二大三乃至大四的师兄师姐，彼时的他经验明显不足，即使再努力，几乎所有赛场也逃不过止步复赛的命运。频频失利让他愈战愈勇，在稳打稳扎中开始蜕变，渐渐与身边的人拉开差距，柜子里那满满当当的奖状和奖杯就是他成长的见证。付出就一定有收获吗？不一定。但十分的耕耘，必将迎来不错的收成。扎实的专业知识基础、丰富的社团管理经验、众多的荣誉奖项，再加上大一大二的实习经历，大四的他几乎收到了所有面试公司的offer。

推开房门，空空如也的宿舍不再有人能说一声"洪毅你回来了呀"。室友考研的考研，实习的实习，大家走得匆忙，剩下的全都是挥手道别的无奈。洪毅坐在椅子上拨弄着垂下来的窗帘，宿舍每一处都是这四年生活的痕迹，但是现在却不再有人喊你带饭，不再有人唠叨头发日渐稀少的你，不再有人陪你上下课……一路的忙碌，似乎霸占了许多与朋友们交流沟通的时间，满载而归的荣誉此时好像也没能抵过好好经营一段情谊的遗憾，得到了很多，但是失去的也不少。

接连几声震动打破了原有的静谧，社团的微信群、暑期社会实践的微信群、宿舍的微信群等都发来信息，他能看到许知星、沈天佑他们这群合作伙伴的道喜，能看到室友们的慰问，能看到社团里一个个小可爱的祝贺。洪毅心里不断被温暖充斥着，他不再感到寂寞，因为有一群挂念着他、时刻陪伴他的伙伴。此刻他明白大家平时很少联系，不是彼此感情淡了，而是大家各忙各的，即使不常联系，也会默默地关注对方的动态，挂念对方，一旦见面大家依旧无话不谈，玩成一片。

他打开关闭了一年的朋友圈,发了一条动态。

(二十三)

时间:【大四第二学期】 5月10日 下午5:00
地点:宿舍

这年的夏天来得格外早,伴随着烈日的,除了紫荆花开、蝉声不断,还有不知不觉到来的毕业季。5月迫不及待地带来了暑意,悄悄弄花了女生们精心准备的妆容。

不同于正在实习的室友,考上传媒类专业研究生的许知星正在为接下来的进修做知识上的储备,说得通俗一点,就是宅在宿舍看书。

"玥玥,离你说马上化完妆,已经快过去一个小时啦。"良久,许知星放下手中的书,一脸无奈地看着在脸上忙活的谢逸玥。

"马上马上,涂个口红咱们就出门!"

好不容易拖着磨磨唧唧的谢逸玥出门,走在早已烂熟于心的道路上。拍毕业照的这个日子,不可避免地想起了四年间发生的点点滴滴。在这条路上,她曾为上课赶时间摔了一跤,曾扛着话筒和单反来回奔波,也曾慢悠悠地与同学并肩闲聊……

"真想把学校所有店铺再吃一遍啊!"谢逸玥路过一家她们经常光顾的小店,不禁喃喃道。

"那我们以后有机会就一起回来呀。"许知星笑着看向谢逸玥,"老规矩,鳗鱼饭加酱油,不咸不是谢逸玥。"

"你又说这个!!我就喜欢吃咸的,哼。"

"好好好,以后一定陪你来吃。"

阳光拉长了女孩们拉着手的背影,微风吹散了离别的点点伤感,四年看起来很长,但是又感觉很短,足够让你吃遍走遍这个校园的角角落落,也足够让你无法忘怀。

(二十四)

时间:【大四第二学期】 5月16日 上午8:00

地点:新大门

"3——2——1，抛！"珠海的夏天，阳光灿烂无比，随着摄影师的指令，学士帽在空中划出一道完美的弧线，小小的一张毕业照定格了这大学四年。

"师姐！毕业快乐！"社团的小伙伴们捧着一大束花，站在体育文化综合馆前等她。跟谢逸玥约好一会儿在哪里见面后，许知星快步走向他们。说来感慨，跟社团朋友们欢送师兄

师姐的场景还历历在目,不想,转眼就轮到了她。

"都没有逃课过来吧,有课的小朋友先回去上课!"

"没有没有,都是下课过来的!"

"骗人吧你,今天早上不是有课吗?"

"嘘!好了好了,别说了,先拍照先拍照,剩下的稍后再谈!"

"记得后期把师姐修得宇宙无敌最好看!"

看着大家脸上干净纯粹的笑容,许知星微微出神。从当初的"你好,北理珠"到如今的"再见,北理珠",第一次踏进大学校门的画面还历历在目,却没想到这么快就到了分别的时候。今日一别,各奔东西,大家各自为自己的未来而奋斗,不知道什么时候才能像今天这样整齐地聚在一起。希望大家即

使在社会上摸爬滚打，弄得浑身灰尘扑扑，也依旧能够在心里保持干净纯粹，热血不凉，不让社会与岁月改变那个青涩的少年。

随着正午的温度逐渐攀升，许知星缓缓呼出一口气，释放了无意间闯进心头的最后一缕关于离别的沉重。很快有新的东西填满心中腾出的那一点空间，温暖如手心的热度，明媚如窗外的春光，张扬如少年们的笑颜，那是未来，充满希望与憧憬的未来。愿少年永远不老，永远血气方刚，永远所向披靡。

给北理珠师弟师妹们的一封信

大家好！我是04级国贸一班毕业生，曲梓诚。

十年前，我们告别朝夕相处的同学，告别辛勤栽培我们的老师，告别用心培养我们的母校，从此踏上人生新的征程。

毕业十年，往事如昨，今天，我想从三个十月谈起：

第一个十月

2004年的十月，我们来到这里，放下行李就换上了军装，告别了父母，就开始在珠海警备区的烈日下挥洒汗水，学会坚强。站军姿、踢正步锤炼了我们的体魄与毅力。一人犯错全体都有的拳头俯卧撑和鸭子走路让我们开始荣辱与共，相爱相亲。夜晚的拉歌是我们最初的欢乐，凌晨的紧急集合和长途拉练更是难忘的记忆。在一场军营里排练出来的迎新晚会后，我们的大学生活，正式开始了。

四年间，我们穿梭在教学楼、宿舍与食堂之间，也穿行于金鼎、官塘与宁堂。大部队风雨无阻地在夺命坡上下求索，外院的同学们在清晨的操场上学外语书声琅琅。下课后的超市、水果店、面包店、吹水桥是我们休闲的天堂。小泉居、茶果店和圣罗兰也是我们爱去的地方。但错过了十一点的门禁时间，我不到宿管阿姨就只能爬墙。夜晚欢乐的时间那么短，断网的时间那么长。有对象的同学开始找个没人的楼道聊电话，没对象的同学还有论坛和游戏世界可以浪一浪。平时翘课嗨得爽，考前突击心慌慌。老师点名人没到，挂科重修悔青肠。晚上多泡自习室，奖学金到手喜洋洋。周末进城逛一逛，69路挤得满满当当。晚上着急往回赶，又累又困车上晃。直到听见那一声振奋人心的报站声响起：德豪润达到了，到站的乘客请从后门下车，下一站——北理工。

第二个十月

2007年的十月，是04级大四第一学期，我们开始陆续离开学校外出实习。我们即将告别母校为我们创造的良好的学习生活环境，告别老师们的言传身教治学严谨，告别校园里精彩丰富的文体活动，唯有在校学到的各项专业知识能随我们继续前行。我们开始感慨这些年的青春时光，我们开始留恋那些年的岁月短长，数不清吃了多少顿散伙饭，说不完道不尽的离别感伤。我们执手拥抱，热泪盈眶，因为第二天天一亮我们就要奔赴人生真正的战场。从此孤帆远影，山高水长。

第三个十月

2018年的十月，是首届校友毕业十周年，那宵离别后，今日君再来。非常高兴能在十周年与北理珠重逢，十年芳华岁月，弹指一挥间。十年前的我们，从这里出发，十年后的我们，散落四方。既有五湖四海，也有侨居海外；既有从政为民，也有搏击商场；有的从事自由职业，还有的跟老师们成了同事或同行。当年的男神们大多当上了爸爸，当年的女神们当妈的当妈，生二娃的生二娃。当然，也有同学依然游走在围城之外，独立而潇洒，自由地飞翔。最令人欣慰的，是在今天会前与老同学们见面的一番问好攀谈，得知大家都一切安好，别来无恙。

如果问，04级的初心是什么？

我认为：

04级的初心，是我们被全国普通本科院校最长时间的封闭式军训注入的亲爱精诚与果敢刚毅；是入学之始，我校陈坤林教授在课堂上为我们亲身讲述的自力更生、艰苦奋斗、全心全意为人民服务的延安精神；是我们至今牢记并践行的团结勤奋、求实创新，德以明理、学以精工的新老校训；是我们作为北理珠的开山弟子，见证了母校的诞生，并始终关心和随着母校成长；是我们毕业于这所年轻的大学，但仍然不卑不亢，勇敢地追求与时代同脉的高远理想；是我们虽然身处平凡的岗位，亦能把自己的事业和人生，与国家、与民族、与时代紧密联系起来，为国家发展和民族复兴贡献一份力量；是我们无论身处何方，经历了十年的岁月消磨和繁杂世事的磋砺，在听到母校一声召唤后，还能迅速重新凝聚在一起的深情厚谊；更是无论过去、现在与将来，我们始终愿意用自己的青春芳华和激情奋斗让母校的名字日趋闪亮！

祝福母校蒸蒸日上，再创佳绩。

祝福各位老师身体健康，万事顺意。
祝福师弟师妹们学业有成，前程似锦。

金凤六号初相逢，戎装立整，大志燃心中。
同窗四载乐融融，把酒言欢，赤花山上落日红。
别梦依稀音容现，执手泪眼，恨时光匆匆。
伶仃十月水溶溶，再看校园，草木已葱茏。

04级国际经济与贸易一班毕业生　曲梓诚

2018年10月27日

（北理珠首届校友毕业十周年返校活动发言稿）

北京理工大学珠海学院建校已有17个年头，从建校初期的艰苦条件到如今喜人的发展成绩，都不开全体师生的戮力同心和校友们的大力支持。2018年，首届校友毕业十周年纪念石揭幕。矢志不移的石头，象征着"德以明理，学以精工"的脉脉传承，表达了校友对母校的殷切祝福，承载着校友在母校度过的难忘的岁月和记忆。除此之外，首届校友捐赠总金额近10万元，所有款项均入账北京理工大学珠海学院教育基金会，以用于学校发展建设、人才奖励、资助助学等。至2021年，北京理工大学珠海学院校友近7万人，现已成立北京理工大学珠海学院校友总会、深圳校友分会、潮州校友分会、华东校友分会、广州校友分会、湛江校友分会、东莞校友分会。搭建交流平台共享资源的同时，校友们不忘发扬母校优良传统，他们在各自的领域不断取得卓越的成绩，为母校增光添彩，为校友组织添砖加瓦。

○ 首届校友毕业十周年纪念石

后 记

《Hello,北理珠》的创作者们

① 我佛了：网络用语，表示我服了的意思，"佛"同"服"。

书里的故事,

并不是你们的人生剧本。

希望你们也能有勇气活成想要的模样。

无论如何,

你都将会有很好的人生。

再会!